工程建设行业风险分级管控和隐患排查治理双重预防体系

建设指南

谭荣华　主编

中国环境出版集团·北京

图书在版编目（CIP）数据

工程建设行业风险分级管控和隐患排查治理双重预防体系建设指南/谭荣华主编．—北京：中国环境出版集团，2022.7

ISBN 978-7-5111-5191-9

Ⅰ.①工…　Ⅱ.①谭…　Ⅲ.①建筑企业－工业企业管理－安全风险－管理控制－指南 ②建筑企业－工业企业管理－安全隐患－安全检查－指南　Ⅳ.①F407.906-62

中国版本图书馆 CIP 数据核字（2022）第 113489 号

出 版 人　武德凯
责任编辑　易　萌
责任校对　薄军霞
封面设计　宋　瑞

出版发行　中国环境出版集团
（100062　北京市东城区广渠门内大街 16 号）
网　　址：http://www.cesp.com.cn
电子邮箱：bjgl@cesp.com.cn
联系电话：010-67112765（总编室）
发行热线：010-67125803，010-67113405（传真）
印　　刷　北京市联华印刷厂
经　　销　各地新华书店
版　　次　2022 年 7 月第 1 版
印　　次　2022 年 7 月第 1 次印刷
开　　本　850×1168 1/32
印　　张　3.75
字　　数　100 千字
定　　价　38.00 元

编审委员会

主　　编： 谭荣华

副 主 编： 罗显良

编写人员： 谭荣华　罗显良　肖良军　易俊华　周成仁
卢博霖　周　荣　易　欣　徐芳刚　蔡植滨
史廷勇　郭宇翔　龙硕文　李旦初　王益兵
王林冲　谭海雄　黄　强　李　媛　王璐鹏

编审委员： 林海军　王　勇　吴伟学　颜志清　任亮晶
周　龙　曹郭威　刘　林　吴果成　贺日强

编写单位

编写单位： 广东远顺建设监理有限公司
广州市房实建设工程管理有限公司
湖南瑞欣安全科技有限公司
韶山新天建设有限公司
湖南省方正项目管理有限公司
天鉴国际工程管理有限公司
湖南宸通工程科技有限公司

前　言

为有效执行《中华人民共和国安全生产法》（以下简称《安全生产法》）关于“构建安全风险分级管控和隐患排查治理双重预防机制”的规定，深入贯彻习近平总书记关于安全生产的重要指示精神，推进工程建设行业风险分级管控和隐患排查治理双重预防体系（以下简称“双重预防体系”）建设，有效融合工程建设行业既有的安全防控管理体系，指导企业和项目双重预防体系建设工作，提升工程建设安全生产标准化水平，强化工程施工现场安全管控能力，编制本指南。

本指南共分为3章，第1章为法规条文摘录，主要对《安全生产法》和国家对双重预防体系建设的规定要求摘录。第2章为双重预防体系建设，主要从双重预防体系建设的原则、主要内容和基本要求进行描述，便于企业和项目参照建设。第3章为双重预防体系文件，首先简单对双重预防体系文件编档进行要求，再列举了部分范例。附件则将最主要的建筑工程、公路水运工程、水利工程的重大隐患判定标准附注，便于企业和项目对照。最后附注了一份双重预防体系建设自查表，便于企业和项目的自检互查。

本指南编写依据《国务院安委会办公室关于印发〈标本兼治遏制重特大事故工作指南〉的通知》（安委办〔2016〕3号）

和《国务院安委会办公室关于实施遏制重特大事故工作指南构建双重预防机制的意见》（安委办〔2016〕11号）的要求，同时参考了《企业安全风险分级管控和隐患排查治理双重预防机制建设通则》（DB 4403/T 5—2019）和《山东省建筑施工双重预防体系建设简明实施手册（试行）》及其他相关的标准文件。

编写组反复精简了双重预防体系建设的规范条文，并有机结合了工程建设领域既有的文件要求和文书格式，优化成本指南。由于编者水平有限，疏漏之处在所难免，敬请广大读者在参照使用过程中，提出宝贵意见和建议，以便斧正完善。

目　录

第1章　法规条文摘录

1.1 《安全生产法》的相关规定

第四条　生产经营单位必须遵守本法和其他有关安全生产的法律、法规，加强安全生产管理，建立健全全员安全生产责任制和安全生产规章制度，加大对安全生产资金、物资、技术、人员的投入保障力度，改善安全生产条件，加强安全生产标准化、信息化建设，构建安全风险分级管控和隐患排查治理双重预防机制，健全风险防范化解机制，提高安全生产水平，确保安全生产。

第二十一条　生产经营单位的主要负责人对本单位安全生产工作负有下列职责：

（一）建立健全并落实本单位全员安全生产责任制，加强安全生产标准化建设；

（二）组织制定并实施本单位安全生产规章制度和操作规程；

（三）组织制定并实施本单位安全生产教育和培训计划；

（四）保证本单位安全生产投入的有效实施；

（五）组织建立并落实安全风险分级管控和隐患排查治理

双重预防工作机制，督促、检查本单位的安全生产工作，及时消除生产安全事故隐患；

（六）组织制定并实施本单位的生产安全事故应急救援预案；

（七）及时、如实报告生产安全事故。

第四十一条　生产经营单位应当建立安全风险分级管控制度，按照安全风险分级采取相应的管控措施。

生产经营单位应当建立健全并落实生产安全事故隐患排查治理制度，采取技术、管理措施，及时发现并消除事故隐患。事故隐患排查治理情况应当如实记录，并通过职工大会或者职工代表大会、信息公示栏等方式向从业人员通报。其中，重大事故隐患排查治理情况应当及时向负有安全生产监督管理职责的部门和职工大会或者职工代表大会报告。

县级以上地方各级人民政府负有安全生产监督管理职责的部门应当将重大事故隐患纳入相关信息系统，建立健全重大事故隐患治理督办制度，督促生产经营单位消除重大事故隐患。

第一百零一条　生产经营单位有下列行为之一的，责令限期改正，处十万元以下的罚款；逾期未改正的，责令停产停业整顿，并处十万元以上二十万元以下的罚款，对其直接负责的主管人员和其他直接责任人员处二万元以上五万元以下的罚款；构成犯罪的，依照刑法有关规定追究刑事责任：

（一）生产、经营、运输、储存、使用危险物品或者处置废弃危险物品，未建立专门安全管理制度、未采取可靠的安全措施的；

（二）对重大危险源未登记建档，未进行定期检测、评估、监控，未制定应急预案，或者未告知应急措施的；

（三）进行爆破、吊装、动火、临时用电以及国务院应急管理部门会同国务院有关部门规定的其他危险作业，未安排专门人员进行现场安全管理的；

（四）未建立安全风险分级管控制度或者未按照安全风险分级采取相应管控措施的；

（五）未建立事故隐患排查治理制度，或者重大事故隐患排查治理情况未按照规定报告的。

1.2 部委文件规定

国务院安委会办公室关于印发《标本兼治遏制重特大事故工作指南》的通知

（安委办〔2016〕3号）

各省、自治区、直辖市及新疆生产建设兵团安全生产委员会，国务院安委会各成员单位，各中央企业：

为认真贯彻落实党中央、国务院决策部署，坚决遏制重特大事故频发势头，国务院安委会办公室在研究总结重特大事故发生规律特点、深入调查研究、广泛征求意见的基础上，制定了《标本兼治遏制重特大事故工作指南》（以下简称《指南》），现印发给你们，并就有关事项通知如下：

一、提高认识，加强组织领导。要进一步提高对防范遏制重特大事故重要性、紧迫性和事故规律性的认识，把遏制重特大事故工作作为安全生产“牛鼻子”工程，摆在重中之重的突出位置，采取有力措施抓实抓好，带动安全生产各项工作全面推进。要切实加强组织领导，结合实际制定本地区、本系统、本单位具体工作方案，明确目标任务，落实工作措施，细化责任分工，抓紧组织推进，力争取得实效。

二、突出重点，做到精准施策。要结合事故规律特点，抓住关键时段、关键地区、关键单位、关键环节，从构建双重预防性工作机制、强化技术保障、加大监管执法力度、推进保护生命重点工程建设、加强源头治理、提高应急处置能力等方面入手，从制度、技术、工程、管理等多个角度，制定采取有针对性的措施，对症下药、精准施策，力争尽快在减少重特大事故数量、频次和减轻危害后果上见到实效。

三、抓好试点，强化典型引路。要充分发挥基层首创精神，分级选取一批有代表性、领导重视、基础较好的地区和单位开展试点，逐步推进。经推荐研究，国家安全监管总局确定了河北省张家口市、山西省阳泉市、辽宁省大连市、浙江省宁波市、江西省赣州市、福建省福州市、山东省泰安市和枣庄市、湖北省鄂州市、广东省深圳市、甘肃省兰州市等11个试点城市，进行直接跟踪指导。各试点城市要根据《指南》并结合本地区实际，抓紧研究制定试点工作方案，积极探索创新、先行先试，尽快形成一批可复制、可借鉴的经验做法。

四、广泛发动，促进齐抓共管。要切实加强安全生产宣传教育，在各级广播、电视、报刊和政府网站全面开设安全生产专题栏目，充分利用政务微信、微博、新闻客户端和手机报，加强宣传、广泛发声。组织实施安全文化示范工程，积极推进“互联网+安全培训”建设。充分发动社会各方面力量积极支持、参与安全生产工作，重点宣传基层安全生产好的经验做法，定期曝光一批重大隐患，惩治一批典型违法行为，通报一批“黑名单”生产经营单位，取缔一批非法违法企业，关闭一批不符合安全生产条件企业，形成齐抓共管、社会共治的工作格局。

五、加强督导，推动工作落实。要加大遏制重特大事故工作成效在安全生产工作考核中的比重，建立跟踪督办制度，定期通报工作完成情况。适时组织开展专项督查，加快各项工作推进步伐。地方各级人民政府安委会要切实加强组织协调，及时解决实施过程中存在的问题，督促指导工作措施落实，确保遏制重特大事故工作取得实效。

国务院安委会办公室

2016 年 4 月 28 日

国务院安委会办公室关于实施遏制重特大事故工作指南构建双重预防机制的意见（摘录）

（安委办〔2016〕11 号）

各省、自治区、直辖市及新疆生产建设兵团安全生产委员会，国务院安委会各成员单位，各中央企业：

国务院安委会办公室 2016 年 4 月印发《标本兼治遏制重特大事故工作指南》（安委办〔2016〕3 号，以下简称《指南》）以来，各地区、各有关单位迅速贯彻、积极行动，结合实际大胆探索、扎实推进，初见成效。构建安全风险分级管控和隐患排查治理双重预防机制（以下简称“双重预防机制”），是遏制重特大事故的重要举措，根据《指南》的要求和各地区、各单位的探索实践，现就构建双重预防机制提出以下意见：

一、总体思路和工作目标

（一）总体思路。准确把握安全生产的特点和规律，坚持风险预控、关口前移，全面推行安全风险分级管控，进一步强化隐患排查治理，推进事故预防工作科学化、信息化、标准化，实现把风险控制在隐患形成之前、把隐患消灭在事故前面。

（二）工作目标。尽快建立健全安全风险分级管控和隐患排查治理的工作制度和规范，完善技术工程支撑、智能化管控、第三方专业化服务的保障措施，实现企业安全风险自辨自控、隐患自查自治，形成政府领导有力、部门监管有效、企业责任落实、社会参与有序的工作格局，提升安全生产整体预控能力，夯实遏制重特大事故的坚强基础。

二、着力构建企业双重预防机制

（一）全面开展安全风险辨识。各地区要指导推动各类企业按照有关制度和规范，针对本企业类型和特点，制定科学的安全风险辨识程序和方法，全面开展安全风险辨识。企业要组织专家和全体员工，采取安全绩效奖惩等有效措施，全方位、全过程辨识生产工艺、设备设施、作业环境、人员行为和管理体系等方面存在的安全风险，做到系统、全面、无遗漏，并持续更新完善。

（二）科学评定安全风险等级。企业要对辨识出的安全风险进行分类梳理，参照《企业职工伤亡事故分类》（GB 6441—1986），综合考虑起因物、引起事故的诱导性原因、致害物、伤害方式等，确定安全风险类别。对不同类别的安全风险，采用相应的风险评估方法确定安全风险等级。安全风险评估过程要突出遏制重特大事故，高度关注暴露人群，聚焦重大危险源、劳动密集型场所、高危作业工序和受影响的人群规模。安全风险等级从高到低划分为重大风险、较大风险、一般风险和低风险，分别用红、橙、黄、蓝四种颜色标示。其中，重大安全风险应填写清单、汇总造册，按照职责范围报告属地负有安全生产监督管理职责的部门。要依据安全风险类别和等级建立企业安全风险数据库，绘制企业“红、橙、黄、蓝”四色安全风险空间分布图。

（三）有效管控安全风险。企业要根据风险评估的结果，针对安全风险特点，从组织、制度、技术、应急等方面对安全风险进行有效管控。要通过隔离危险源、采取技术手段、实施个体防护、设置监控设施等措施，达到回避、降低和监测风险的目的。要对安全风险分级、分层、分类、分专业进行管理，逐一落实企业、车间、班组和岗位的管控责任，尤其要强化对重大危险源和存在重大安全风险的生产经营系统、生产区域、岗位的重点管控。企业要高度关注运营状况和危险源变化后的风险状况，动态评估、调整风险等级和管控措施，确保安全风险始终处于受控范围内。

（四）实施安全风险公告警示。企业要建立完善安全风险公告制度，并加强风险教育和技能培训，确保管理层和每名员工都掌握安全风险的基本情况及防范、应急措施。要在醒目位置和重点区域分别设置安全风险公告栏，制作岗位安全风险告知卡，标明主要安全风险、可能引发事故隐患类别、事故后果、管控措施、应急措施及报告方式等内容。对存在重大安全风险的工作场所和岗位，要设置明显警示标志，并强化危险源监测和预警。

（五）建立完善隐患排查治理体系。风险管控措施失效或弱化极易形成隐患，酿成事故。企业要建立完善隐患排查治理制度，制定符合企业实际的隐患排查治理清单，明确和细化隐患排查的事项、内容和频次，并将责任逐一分解落实，推动全员参与自主排查隐患，尤其要强化对存在重大风险的场所、环节、部位的隐患排查。要通过与政府部门互联互通的隐患排查治理信息系统，全过程记录报告隐患排查治理情况。对于排查发现的重大事故隐患，应当在向负有安全生产监督管理职责的部门报告的同时，制定并实施严格的隐患治理方案，做到责任、措施、资金、时限和预案“五落实”，实现隐患排查治理的闭环管理。事故隐患整治过程中无法保证安全的，应停产停业或者停止使用相关设施设备，及时撤出相关作业人员，必要时向当地人民政府提出申请，配合疏散可能受到影响的周边人员。

第 2 章　双重预防体系建设

2.1　双重预防体系建设的目的和意义

（1）构建双重预防体系，是落实党中央、国务院关于建立风险管控和隐患排查治理预防机制的重大决策部署，是实现纵深防御、关口前移、源头治理的有效手段。

（2）双重预防体系建设既是企业安全生产的主体责任，也是企业主要负责人的重要职责之一，作为企业安全管理的重要内容，是企业自我约束、自我纠正、自我提高预防事故发生的根本途径。

（3）建设双重预防体系将会使目前安全管理体系更加系统和深化，从根本上实现安全事故的纵深防御和关口前移，进一步完善职业健康安全管理体系和安全生产标准化的建设。

2.2　双重预防体系建设的目标和原则

2.2.1　双重预防体系建设的目标

要在全社会形成有效管控风险、排查治理隐患、防范和遏制重特大事故的思想共识，推动建立企业安全风险自辨、自控、自查、自治能力，政府领导有力、部门监管有效，企业落实到位，设备参与有序的工作格局，促使企业形成常态化运行的工作机制，切实提升安全生产整体预控能力，夯实事故防控的坚实基础。

2.2.2　双重预防体系建设总体原则

工程建设企业和项目部应依据法律、法规要求，结合企业和项目的实际情况，建立以主要负责人为核心的双重预防工作体系，保证全员参与，通过安全工程专业技术的学习和培训教育，全面辨识危险源，客观分析和评价风险，采取一切合理可行的措施消除或控制风险，强化隐患排查和治理的闭环管理，防止和减少生产安全事故，持续提升安全绩效。

2.2.3　体系融合

在双重预防体系的建设过程中，企业和项目部应有效结合既有的工程建设领域安全生产管理体系要求，并贯穿到双重预防体系建设过程中，有机融合，确保新建设体系要求基本覆盖双重预防体系和工程建设安全生产管理体系。

双重预防体系的融合宜以原工程建设安全生产管理体系为主干，将双重预防建设体系单项结合原有的管理体系内容实施。

2.3　双重预防体系建设的思路和流程

2.3.1　双重预防体系建设的总体思路

切实把每一类安全风险都控制在可接受范围内，把每一项隐患都治理在形成之初，把每一起安全事故都消灭在萌芽状态。

2.3.2 双重预防体系建设的基本流程

双重预防体系建设的基本流程主要包括双重预防工作机构的建立、工作职责的明确、双重预防制度的制定、危险源的辨识、风险分析评价、风险措施的制定、风险管控层级的确定、风险清单的编制、风险告知、隐患的排查和治理以及双重预防体系文件的建设和管理。

2.4 双重预防体系建设的主要内容和基本要求

2.4.1 双重预防体系工作机构

（1）工程建设企业、项目部应分别建立双重预防体系工作机构，双重预防体系工作机构可包含于原安全生产组织机构，双重预防体系工作机构建立经企业批准后，以正式文件发布。

（2）双重预防体系工作机构应由企业主要负责人牵头，各部门负责人和相关人员参与，建议由企业发布正式文件。

（3）安全技术力量欠缺的工程建设企业，建议聘请安全专业技术机构或安全技术专家帮扶企业开展双重预防体系工作机构的建设和安全专业技术人员的专业培训，外聘机构或专家应在制度和文件中明确，并经企业批准公开发布。

2.4.2 明确岗位工作职责

（1）工程建设企业主要负责人全面负责企业的双重预防体系建设工作，项目经理全面负责项目部的双重预防体系建设工作，并应建立健全相关制度并履行相关的职责和义务。

（2）工程建设企业、项目部各级管理人员应按照工程建设安全生产责任制的相关要求，负责职责范围内的双重预防机制建设和运行工作。

(3) 项目部从业人员应按照建设工程安全生产责任制的相关要求，履行本岗位职责，参与双重预防机制建设和运行工作。

所有层级人员岗位职责连同工作机构，应经工程建设企业或项目部批准，以正式文件发布。

2.4.3　建立教育培训工作制度

(1) 工程建设企业和项目部应建立双重预防体系建设的教育培训工作制度，制订教育培训工作计划，明确培训时间、培训学时、培训内容、培训对象、培训资金等内容。

(2) 企业应对工程建设企业、项目部、施工班组的主要管理人员及作业人员分层次、分阶段进行培训，使其掌握本企业、本项目部、本班组的风险分级管控和隐患排查治理工作的要求。

(3) 工程建设企业主要负责人和安全管理人员应具备与本企业从事的生产经营活动相适应的风险管控和隐患排查治理的安全知识和能力。

(4) 工程建设企业可以外聘安全技术专业机构或安全技术专家对企业、项目部组织教育培训，全面提高企业和项目部安全管理人员的风险管控和隐患排查治理的知识和能力。

(5) 安全风险管控和隐患排查治理的教育培训内容应结合建设工程安全生产管理要求和企业、项目的实际情况开展。

2.4.4　建立风险分级管控体系

工程建设企业和项目部应根据本企业和项目的实际特点建

立精准、动态、高效、严格的风险分级管控体系。明确风险分级管控工作的程序、内容和方法，全面排查辨识、评估安全风险，落实风险管控责任，采取有效措施消除重大安全风险，对企业和项目风险实施标准化管控，通过双重预防体系建设形成安全生产长效机制。

风险分级管控体系的内容可结合建设工程安全生产管理要求设定，至少应包括危险源的辨识、风险分析和评价、风险分级管控措施的论证和制定、风险管控层级的划分和确定、风险分级管控清单的编制和风险告知等。

1）危险源辨识

工程建设企业和项目部应组织全员对生产经营全过程、全区域使用有效合理的辨识方法，开展危险源辨识，并分别形成包括危险源名称、所在位置（部门、部位、工序）等内容的危险源清单。

（1）建设工程的危险源辨识包括工作场所、设施的辨识；工作场所使用的设备、材料、物资的辨识；常规的作业活动的辨识；分项、分部工程的辨识；施工作业和加工过程的辨识；非常规作业活动（如抢工期、交叉作业、冬雨季和夏季夜间施工等可能发生的危险源）的辨识；进入施工现场的相关方可能发生的危险源的辨识。

（2）危险源辨识的方法可以按照辨识内容选用针对性较强的辨识方法：作业活动危险源可采用作业危害分析法实施辨识；设备、设施、原材料、危险物资及其他危险源可以采用安全检查表法实施辨识；复杂的工艺可采用危险可操作性分析、失效模式和效应分析、事故树分析、事件树分析等方法实施辨识。

危险源辨识应同时依据《建设工程安全生产管理条例》及其他相关标准的要求。

2）风险分析和评价

（1）在对危险源进行风险评价前，应对所有的危险源进行风险分析，风险分析主要充分考虑人员、财产和环境三个方面风险存在的可能性和造成的后果严重程度的影响，结合项目的生产特点和实际影响，最终明确事故发生的可能性、严重性和风险度的取值标准。

（2）危险源可能导致的事故类型按照《企业职工伤亡事故分类标准》（GB 6441—1986）可划分为：物体打击、车辆伤害、机械伤害、起重伤害、触电、淹溺、灼烫、火灾、高处坠落、坍塌、冒顶片帮、透水、放炮、火药爆炸、瓦斯爆炸、锅炉爆炸、容器爆炸、其他爆炸、中毒和窒息以及其他伤害。

（3）工程建设企业、项目部可采用专家直接判定法、风险评价表法、安全检查列表法、作业条件危险性分析法及故障类型和影响分析法等，根据危险源清单进行风险评价，确定风险等级。风险等级从高到低依次划分为重大风险、较大风险、一般风险和低风险，分别采用红、橙、黄、蓝四色标示。

3）风险分级管控

（1）风险等级确定后，工程建设企业和项目部应组织专业技术人员针对不同等级的风险，结合自身管理能力和综合管理水平等条件，制定风险管控措施。

（2）风险管控措施的制定应优先考虑和论证工程技术措施，风险管控措施主要包括工程技术措施、管理制度措施、培训教育措施、个体防护措施、应急处置措施等方面。

（3）重大风险管控措施和较大风险管控措施在实施前，应对风险控制措施进行评估和论证。

（4）工程建设企业、项目部应根据风险等级，实施差异化管理，遵循操作难度越大、技术含量越高风险等级越高，可能导致后果越严重的管控层级应越高的原则。

（5）风险管控层级分为四级，即企业级、项目部级、施工班组（专业分包、劳务分包单位等）级和作业人员级。

（6）重大风险必须由企业级管控，较大风险由项目部级管控。一般风险可以由班组级实施管控，低风险可以由作业层级实施管控。

（7）上一级负责管控的风险，下一级必须同时负责管控落实。

（8）当风险等级发生变化并可能导致事故时，对该风险应提级管控。

4）风险分级管控清单

（1）工程建设企业、项目部应在每一轮风险评估后编制或更新编制风险分级管控清单。

（2）风险分级管控清单应涵盖所有的危险源、分布位置、可能导致事故的类型、风险等级、管控措施、管控层级责任岗位等信息。风险管控清单对四个管控层级用“红、橙、黄、蓝”分别标示。

（3）建设工程安全生产管理要求的危险源清单可以作为风险分级管控清单的一部分，合并编制。

5）风险告知

（1）项目部应在醒目位置和重点区域设置安全风险公告栏，对较大及以上风险可能引发的事故类型、管控措施、应急准备及管控责任人等信息进行公告。

（2）项目部应通过设立公示牌、标识牌、告知卡、警示标志、安全技术交底及教育培训等形式，向作业人员告知其主要风险信息。

（3）较大以上风险在作业过程中应设置警戒线，安排专人进行警戒，防止非作业人员进入作业场所。

2.4.5 建立隐患排查治理体系

1）隐患排查

工程建设企业、项目部、施工班组、作业人员应按照《建设工程安全生产管理条例》等有关规定组织开展隐患排查工作。

（1）工程建设企业和项目部可以依据建设工程既有的隐患排查规定或相关检查标准，编制相关检查文书，采用综合检查、专项检查、季节性检查、节假日检查和日常检查等方式组织隐患排查。

（2）隐患排查完成后应形成隐患排查记录，并以召开会议、图片展示、隐患整改通知书等形式，将排查出的隐患名称、存在位置、隐患状态、隐患等级、治理期限及治理措施、治理要求等信息告知受检单位或人员。

2）隐患治理

（1）一般（较大）事故隐患治理。

一般（较大）事故隐患，可以由项目部带领班组和作业人员实施整改。整改文件应明确整改措施、治理责任人、治理期限、整改验收等记录内容。

（2）重大事故隐患治理。

工程建设企业应组织相关人员对重大事故隐患进行分析评估，编制重大事故隐患治理方案，治理方案必要时应与勘察设计等多方论证实施。重大事故隐患治理方案包括目标和任务、方法措施、经费物资、机构人员、限时要求及应急预案等内容。

重大事故隐患治理结束后，工程建设企业应组织对治理情况进行复查评估，并应按照规定予以销项。

3）事故隐患排查治理台账

工程建设企业和项目部应如实记录事故隐患排查、治理、验收等情况，形成管理台账，实现隐患排查、登记、治理、验收的闭环管理。

事故隐患排查台账应满足相关要求，包括隐患状态描述、隐患等级、所在位置、治理措施、整改责任人、整改期限、复查情况、复查人、复查时间、未整改原因等内容。

重大事故隐患排查治理应单独建立排查治理台账，主要包括隐患状态、隐患类型、发生时间、整改闭环时间、隐患评估、治理方案、治理情况及各层级负责人等内容。

2.4.6 建立双重预防体系文件管理制度

企业和项目部应分别建立完整的双重预防体系文件管理制度，文件管理应设立专门的部门和人员管理。

双重预防体系文件管理应与既有的安全监管机构文件管理融合建立和管理，便于企业和项目部自身管理和监管部门调查取阅。

第 3 章　双重预防体系文件

3.1　双重预防体系文件编档要求

双重预防体系文件编档应满足以下要求：

（1）工程建设企业、项目部应按照制度要求，规范双重预防体系建设管理资料的收集、整理、审核和归档等工作。

（2）工程建设企业、项目部管理人员应根据本企业、本项目双重预防体系建设管理职责，建立、整理相应的文件资料。双重预防体系文件资料应保证时效性、真实性和完整性。

（3）工程建设企业、项目部的双重预防体系建设管理资料为纸质资料时，应当保存原件。相关资料不能为原件时，可为复印件，复印件应与原件核对无误，加盖原件所持有单位的公章。电子资料应保证原始性、安全性和持续可读性，涉及电子签名文档的必须由本单位以授权书的形式认可。

（4）工程建设企业、项目部的双重预防体系建设管理资料字迹、图像、声音、影像等信息应清晰有效，资料中的签字、盖章、日期等内容应齐全。

（5）工程建设企业、项目部的双重预防体系建设管理资料归档应符合《建设工程文件归档整理规范》（GB/T 50328—

2014）（2019 年版）的有关规定；归档文件采用电子文件载体形式的，应符合《电子文件归档与电子档案管理规范》（GB/T 18894—2016）的有关规定。

（6）资料排列顺序为封面、目录、内容。封面应包含工程名称、编制单位、编制人员、编制日期及编码序号。

（7）双重预防体系文件归档的基本原则：工程项目归档保存的文件应包含工程建设企业级文件。

（8）工程建设企业和项目部宜以原有建设工程安全管理文件做指导，将双重预防体系文件归集在原体系文件内，这样既涵盖了双重预防体系文件，也符合建设工程安全资料文件管理的要求。也可以按照当地主管部门或企业和项目部的要求分开归档。

3.2 岗位工作职责范例

3.2.1 工程建设企业主要负责人的双重预防体系建设工作职责

工程建设企业主要负责人对本单位双重预防体系的建立和有效运行全面负责，至少应履行下列职责：

（1）组织制定双重预防体系建设的工作制度，落实双重预防体系建设的有关法律、法规和标准规范。

（2）建立健全并组织实施双重预防体系建设全员责任制，确保双重预防体系建设的资金、人员、物资投入到位。

（3）组织安全生产风险分级管控，督促相关部门或岗位人员做好对重大风险（一级风险）的监控，落实重大风险（一级风险）控制措施和重大事故隐患治理措施。

（4）组织开展生产安全事故隐患排查治理工作，及时消除安全事故隐患。

（5）制订并落实双重预防体系的教育培训工作计划。

（6）法律、法规、规章规定的其他职责。

3.2.2　工程建设企业分管安全生产负责人的双重预防体系建设工作职责

工程建设企业分管安全生产负责人协助主要负责人开展双重预防体系建设工作，至少应履行下列职责：

（1）组织实施双重预防体系建设工作的相关制度。

（2）组织实施双重预防体系建设年度教育培训计划。

（3）组织实施安全生产风险分级管控、动态管控。

（4）组织或督促有关部门开展事故隐患排查治理工作。

（5）组织实施双重预防体系建设全员责任制考核。

（6）其他应当履行的职责。

3.2.3　工程建设企业安全生产管理机构及专职安全生产管理人员的双重预防体系建设工作职责

工程建设企业安全生产管理机构及安全生产管理人员至少应履行下列职责：

（1）参与制定双重预防体系建设工作的相关制度。

（2）参与双重预防体系建设工作的相关决策，提出改进建议，督促本单位其他机构、人员履行相关职责。

（3）具体实施双重预防体系建设全员责任制考核。

（4）参与对双重预防体系建设的教育培训工作。

（5）督促落实安全生产风险管控措施，排查治理生产安全事故隐患。

（6）督促落实本单位重大危险源管理。

（7）其他应当履行的职责。

3.2.4 项目部双重预防体系建设工作职责

（1）项目部应建立双重预防体系运行工作小组，负责项目部双重预防体系建设工作，并对各施工班组的双重预防体系运行工作进行监督和指导。

（2）项目部应按照企业的规定，明确其各部门、各岗位及各施工班组、作业人员的双重预防体系建设工作职责。

（3）项目部应随工程进度情况，定期组织开展危险源辨识、风险评价工作，制定风险控制措施，并组织实施。

（4）项目部应及时将新辨识出的危险源进行报告，定期编制并更新项目部危险源清单、安全生产风险分级管控清单。

（5）项目部应定期组织开展生产安全事故隐患排查，及时上报新排查出的重大事故隐患，编制并更新项目部生产安全事故隐患排查清单，针对不同的隐患类型，制定隐患治理措施，并组织实施。

（6）项目部负责对一般事故隐患的治理效果进行复查、验证，做好对一般事故隐患的销项工作。

（7）项目部负责对较大风险（二级风险）进行监控，落实重大风险（一级风险）、较大风险（二级风险）控制措施和重大事故隐患、一般事故隐患治理措施。

（8）项目部负责对其各部门、各岗位及各施工班组的双重预防体系建设工作进行考核，考核结果与部门、岗位及施工班组的绩效挂钩。

（9）项目部应定期开展对双重预防体系建设及运行情况的过程审核，提出改进意见，督促施工班组及作业人员落实整改。

（10）履行企业规定的其他职责。

3.2.5　项目部负责人的双重预防体系建设工作职责

（1）落实双重预防体系建设工作的相关制度。

（2）负责项目部及各班组的风险分级管控和隐患排查治理工作。

（3）监督项目部各部门、各岗位、各班组人员落实风险管控措施，及时排查治理隐患，并对双重预防体系运行情况进行考核。

（4）组织开展针对双重预防体系建设工作的教育和培训。

（5）其他应当履行的职责。

3.2.6　现场班组的双重预防体系建设工作职责

施工班组（包括专业分包单位、劳务分包单位等）应明确其项目负责人、生产负责人、安全负责人、技术负责人、班组长等人员的双重预防体系建设工作职责；明确其他管理人员的双重预防体系建设工作职责。

施工班组层级的双重预防体系建设工作职责应围绕“反违章指挥”“反违章作业”“反违反劳动纪律”等工作要求制定，并应按照不同分工，覆盖到工程项目的所有班组，覆盖各班组所应承担的双重预防体系建设工作的全部内容。

（1）负责施工班组的双重预防体系运行工作，并对其作业人员开展双重预防体系建设工作情况进行监督和指导。

（2）施工班组应明确其每位作业人员的双重预防体系建设工作职责。

（3）施工班组应定期组织作业人员对其作业范围内的危险源进行辨识，实施风险评估，制定风险控制措施、落实风险管控。

（4）施工班组应及时报告新辨识出的危险源、重大事故隐患。

（5）施工班组应定期开展不同类型的生产安全事故隐患排查，按照项目部制定的隐患治理措施，落实对事故隐患的治理。

（6）对本施工班组作业人员的施工作业活动进行风险交底。

（7）施工班组负责对一般风险（三级风险）进行监控，落实重大风险（一级风险）、较大风险（二级风险）和一般风险（三级风险）控制措施，落实重大事故隐患和一般事故隐患治理措施。

（8）其他应当履行的职责。

3.2.7 作业人员的双重预防体系建设工作职责

施工班组的每位作业人员应当熟知其岗位所存在的安全风险和应急处置措施；了解其在双重预防体系建设工作中的作用和职责；能够识别并简单处置其岗位所存在的生产安全事故隐患；掌握正确检查、使用各种劳动防护用品、用具的相关知识，不违章作业，不违反劳动纪律。

同时，每位作业人员还应负责对其工作岗位上的低风险（四级风险）做好监控，落实低风险（四级风险）控制措施。

（1）执行双重预防体系建设的相关制度，对双重预防体系建设工作提出意见和建议。

（2）参与本岗位风险点排查、危险源辨识等工作，落实风险管控措施。

（3）发现事故隐患或者其他不安全因素时，应当立即报告。

（4）参加针对双重预防体系建设工作的教育和培训。

（5）其他应当履行的职责。

3.3　双重预防体系文件归档范例

本指南以工程建设安全标准化为例，将工程建设双重预防体系文件和安全标准化管理体系文件的归档要求进行结合，范例如下：

1. 企业文件归档范例

1）企业综合管理文件（包含但不限于）

（1）企业资质。企业营业执照、资质证书、安全生产许可证复印件。

（2）安全生产组织机构和岗位职责（涵盖双重预防体系机构和岗位工作职责）、成立安全生产（双重预防机制）领导小组的文件和任命书。

（3）安全生产管理制度（涵盖双重预防体系管理制度）。

（4）项目安全生产协议书。

（5）安全生产投入清单。

（6）安全生产奖惩考核方案。

2）安全技术文件（包含但不限于）

（1）（企业级）教育培训方案。

（2）施工方案（专项方案）（涵盖危险性超大分部分项工

程专项方案）。

（3）风险管控（涵盖危险性超大分部分项工程清单、重大风险管控清单、重大风险管控台账）。

（4）隐患排查治理（涵盖重大隐患排查治理台账、记录、整改方案等）。

（5）应急救援预案和安全生产事故管理。

2．项目文件归档范例

1）安全生产责任制度（包含但不限于）

（1）企业营业执照、资质证书、安全生产许可证复印件。

（2）安全生产组织机构和岗位职责（涵盖双重预防体系机构和岗位工作职责）、成立安全生产（双重预防体系机构）领导小组的文件和任命书。

（3）企业成立该项目经理部和岗位职责（涵盖项目部双重预防体系机构和岗位工作职责）、成立项目部安全生产（双重预防体系机构）领导小组的文件和管理人员聘任文件。

（4）项目部各级管理人员安全生产责任制及签字确认记录。

（5）项目经理、技术负责人、专职安全员证书复印件。

（6）经济承包合同（安全生产考核指标）。

（7）项目安全生产管理目标（伤亡控制指标和安全达标、文明施工目标）。

（8）各级管理人员安全责任目标分解。

（9）企业和项目部的安全生产管理制度（涵盖双重预防体系管理制度）。

（10）安全生产责任制和责任目标考核记录。

2）施组方案和风险分级管控（包含但不限于）

（1）企业施工组织设计和专项施工方案的编审制度。

（2）施工组织设计（含安全技术措施）及企业、监理审核审批页。

（3）危险性较大的分部分项工程专项施工方案（脚手架工程、模板工程、基坑支护、临时用电、人工挖孔桩、施工电梯、塔吊等）及超过一定规模的危险性较大的分部分项工程专项施工方案的专家论证。

（4）开工条件审查（开工报告）。

（5）重大（较大）风险管控清单（台账）。

（6）（超过一定规模）危险性较大的分部分项工程清单。

3）安全教育和安全技术交底（包含但不限于）

（1）项目部安全教育培训计划。

（2）新工人三级安全教育记录及考核。

（3）变换工种或“四新”安全教育培训记录及考核。

（4）项目经理、专职安全员及其他施工管理人员年度培训记录及考核。

（5）企业开工前企业对项目部管理人员的安全技术交底（一级）。

（6）重大（较大）安全风险管控技术交底包括重大风险的内容、位置、危险等级、周期、企业和项目部所采取的措施、分管负责部门和人员等，也包含分部分项工程安全技术交底（含规范标准、危险因素及应急措施等）。

（7）各专项施工方案安全技术交底。

（8）临时用电和消防安全技术交底。

（9）关键工序安全技术交底（以上为二级交底）。

（10）各工种安全技术操作规程的交底（三级交底）。

4）隐患排查治理

（1）上级（外部、企业带班）安全检查记录（定期、不定期、专项检查，含照片、记录）。

（2）项目部安全检查记录（每周一次）。

（3）安全日志（安全员每天巡查）。

（4）安全事故隐患排查治理台账。

（5）重大事故隐患排查治理台账、记录、整改方案等。

5）分包单位和人员安全管理

（1）企业的分包单位资质包含营业执照、资质证书、安全生产许可证。

（2）（安全用电）分包合同及安全生产协议书。

（3）分包单位项目部管理机构相关人员的相关证书复印件。

（4）分包单位安全管理机构人员名单及相关资料。

（5）特种作业人员花名册和人员证件。

6）应急救援和生产安全事故处理

（1）施工现场重大危险源应急救援预案及演练记录。

（2）施工现场应急救援器材和设备清单。

（3）企业生产安全事故报告处理制度工伤事故月报表。

（4）工伤事故档案。

（5）工伤保险或意外伤害保险保单、发票。

7）施工用电、消防安全、安全标志

（1）临时用电验收、调试记录。

（2）接地电阻、绝缘电阻和漏电保护器漏电动作参数测试记录。

（3）临时用电定期检（复）查记录。

（4）电工安装、巡检、维修、拆除记录。

（5）项目部重大危险源公示牌（按施工进度更新）包括可能导致事故类别、风险描述、危险等级、所在位置、所延续的时间、控制措施、控制程序、监管等级和部门、负责人等相关信息。

（6）施工现场消防设施、器材布置及消防通道示意图。

（7）现场动火作业审批表。

（8）现场防火安全检查表。

8）分项工程安全管理

（1）脚手架工程包括专项施工方案及审核、审批记录、专家论证、材料进场验收记录、合格证、检验报告、现场检查记录、验收表、拆除申请表及审批表、悬挑式卸料平台施工方案和审批、制作安装验收表（限载牌）等。

（2）基坑工程包括专项施工方案（含开挖、支护、降排水工程施工方案）及审核、审批记录、专家论证、基坑监测方案及监测记录、应急救援预案和应急物资等。

（3）模板支架包括专项施工方案、专家论证、材质进场验收记录、搭设验收记录及拆模申请、审批记录等。

（4）高处作业包括安全物资和防护用品使用管理制度，安全防护用品出厂合格证和厂家检测报告及进场验收记录，临边、洞口、通道口等安全防护验收记录，安全防护用具、用品清单等。

9）机械设备（一机一档）管理

主要针对施工现场的大型机械设备如物料提升机、施工升降机、塔吊、附着式脚手架、移动式起重机和其他事故机具等实现一机一档归档管理。

3.4 工程建设风险管控清单

3.4.1 重大风险（一级风险）管控清单（管理行为）范例

重大风险（一级风险）管控清单（管理行为）

管理行为	危险源描述	评价等级/风险标识	主要控制措施	管控层级
资质管理	企业未依法取得相应等级的资质证书，或在其资质等级许可的范围外承揽工程	一级/红色	工程建设企业每季度开展隐患排查治理时，对该法律、法规的规定进行检查，确保合规	企业级
	建筑施工企业未依法取得安全生产许可证，或在安全生产许可证失效、吊销、被暂扣时承揽工程			
企业与项目主要负责人职责	未按照规定建立健全企业、项目部的安全生产责任制		工程建设企业、项目部应建立健全安全生产管理制度，通过制度加以明确，季度隐患排查治理时进行检查，确保合规	
	未按照规定组织制定企业、项目部的安全生产规章制度和操作规程			
	未按照规定组织制订并实施企业、项目部的安全生产教育和培训计划			
	未能保证企业、项目部安全生产投入的有效实施			

续表

管理行为	危险源描述	评价等级/风险标识	主要控制措施	管控层级
企业与项目主要负责人职责	未按照规定督促检查企业、项目部的安全生产工作，并及时消除生产安全事故隐患	一级/红色	工程建设企业、项目部应建立健全安全生产管理制度，通过制度加以明确，季度隐患排查治理时进行检查，确保合规	企业级
	未按照规定组织制定并实施企业、项目部的生产安全事故应急救援预案			
	未按照规定及时、如实地报告生产安全事故			
	建筑施工企业主要负责人未与项目负责人签订安全生产责任书（主要内容应包括项目安全生产考核目标、奖惩措施，以及企业为项目提供的安全管理和技术保障措施）			
	项目负责人未对危险性较大的分部分项工程实施监控，或未对监控过程中发现的生产安全事故隐患及时进行消除			
	实行总承包管理的项目负责人未按照规定定期考核分包企业安全生产管理情况			
	项目负责人对于专职安全管理人员报告的不能立即处理的生产安全事故隐患未及时组织人员进行处理			

续表

管理行为	危险源描述	评价等级/风险标识	主要控制措施	管控层级
安全生产责任制	建筑施工企业、项目部制定的安全生产责任制未明确各岗位的责任人员、责任范围和考核标准等内容	一级/红色	工程建设企业、项目部应建立健全安全生产管理制度，通过制度加以明确，季度隐患排查治理时进行检查，确保合规	企业级
安全生产管理机构职责	建筑施工企业、项目部未按照规定设立安全生产管理机构，配备专职安全生产管理人员			
	未组织或未参与拟订企业、项目部的安全生产规章制度、操作规程和生产安全事故应急救援预案			
	未组织或未参与企业、项目部的安全生产教育和培训，并如实记录安全生产教育和培训情况			
	未督促落实企业、项目部重大危险源安全管理措施			
	未组织或未参与企业、项目部应急救援演练			
	未对企业、项目部的安全生产状况进行检查，并及时排查生产安全事故隐患，或未提出改进安全生产管理建议			

续表

管理行为	危险源描述	评价等级/风险标识	主要控制措施	管控层级
安全生产管理机构职责	未制止和纠正违章指挥、强令冒险作业、违反操作规程等行为； 未督促落实企业、项目部的安全生产整改措施	一级/红色	工程建设企业、项目部应建立健全安全生产管理制度，通过制度加以明确，季度隐患排查治理时进行检查，确保合规	企业级
安全资格管理	建筑施工企业主要负责人、项目负责人、专职安全生产管理人员在未经建设行政主管部门或其他有关部门考核合格，并未取得相应资格证书的情况下任职			
安全教育培训	建筑施工企业、项目部未按照规定对从业人员进行安全生产教育和培训，或施工现场允许未经教育培训或教育培训考核不合格的从业人员上岗作业			
	建筑施工企业、项目部未按照规定对管理人员和作业人员每年至少进行一次安全生产教育培训，或未建立安全生产教育和培训档案，或未如实记录安全生产教育和培训的时间、内容、参加人员以及考核结果等情况			

续表

管理行为	危险源描述	评价等级/风险标识	主要控制措施	管控层级
安全教育培训	施工现场采用新工艺、新技术、新材料或使用新设备时，未采取有效安全防护措施，或未对从业人员进行专门的安全生产教育和培训	一级/红色	工程建设企业、项目部应建立健全安全生产管理制度，通过制度加以明确，季度隐患排查治理时进行检查，确保合规	企业级
安全技术交底	工程施工前，项目管理技术人员未按照规定对有关安全施工的技术要求向施工作业班组、作业人员作出详细说明，或未书面告知危险岗位的操作规程和违章操作的危害，并未由双方签字确认			
特种作业管理	垂直运输机械作业人员、安装拆卸工、爆破作业人员、起重信号工、登高架设作业人员等特种作业人员未经专门的安全作业培训，并取得相应资格证书			
警示标志管理	未按照规定在施工现场入口处、施工起重机械、临时用电设施、脚手架、出入通道口、楼梯口、电梯井口、孔洞口、桥梁口、隧道口、基坑边沿、爆破物及有害危险气体和液体存放处等危险部位，设置明显的安全警示标志		项目部应按照规定设置安全警示标志，建筑施工企业、项目部开展隐患排查治理工作时，对这项工作进行检查，确保合规	
	施工现场所设置的安全警示标志不符合有关标准、规范的规定			

续表

管理行为	危险源描述	评价等级/风险标识	主要控制措施	管控层级
设备安全管理	未按照规定对安全设备进行经常性维护、保养，并定期检测	一级/红色	工程建设企业、项目部开展隐患排查治理工作时，应对这项工作的执行与落实情况重点检查，确保合规	企业级
	安全设备维护、保养、检测结束后未做好记录，或未由有关人员签字确认			
	建筑施工现场使用国家明令禁止或淘汰的危及生产安全的工艺、设备			
	建筑施工现场使用超过安全技术标准或制造厂家规定的使用年限的建筑起重机械设备			
	建筑施工现场使用经检验达不到安全技术标准规定的建筑起重机械设备			
	建筑施工现场使用没有齐全有效的安全保护装置的建筑起重机械设备			
	未按照规定由专业的检测、检验机构对特种设备进行检测、检验；或在检测、检验不合格、未取得安全使用证或安全标志的情况下投入使用			
	施工现场在使用施工起重机械和整体提升脚手架、模板等自升式架设设施前，未按照规定组织有关单位进行验收，或未委托具有相应资质的检验检测机构进行验收			

续表

管理行为	危险源描述	评价等级/风险标识	主要控制措施	管控层级
设备安全管理	施工现场使用承租的机械设备和施工机具及配件的，未按照规定由施工总承包单位、分包单位、出租单位和安装单位共同进行验收，或在未验收合格的情况下投入使用	一级/红色	工程建设企业、项目部开展隐患排查治理工作时，应对这项工作的执行与落实情况重点检查，确保合规	企业级
	施工现场使用的施工起重机械，在验收前未经有相应资质的检验检测机构监督检验合格			
	项目部对使用的施工起重机械和整体提升脚手架、模板等自升式架设设施，未在验收合格之日起 30 日内向建设行政主管部门或其他有关部门登记；或登记标志未置于或附着于该设备的显著位置			
	建筑施工企业、项目部采购、租赁的安全防护用具、机械设备、施工机具及配件，未具有生产（制造）许可证、产品合格证，或在进入施工现场前未对其进行查验			
	施工现场的安全防护用具、机械设备、施工机具及配件未安排专人管理，或未定期进行检查、维修和保养，或没有（或未建立）完整的安全技术档案，或未按照国家有关规定及时报废			

续表

管理行为	危险源描述	评价等级/风险标识	主要控制措施	管控层级
设备安全管理	建筑起重机械使用单位和安装单位在签订的建筑起重机械安装、拆卸合同中未明确双方的安全生产责任	一级/红色	工程建设企业、项目部开展隐患排查治理工作时，应对这项工作的执行与落实情况重点检查，确保合规	企业级
	建筑起重机械使用单位未根据不同施工阶段、周围环境以及季节、气候的变化对建筑起重机械采取相应的安全防护措施			
	建筑起重机械使用单位未在建筑起重机械活动范围内设置明显的安全警示标志，或未对集中作业区做好安全防护			
	建筑起重机械使用单位未设置相应的设备管理机构或配备专职的设备管理人员			
	建筑起重机械使用单位未指定专职设备管理人员、专职安全生产管理人员进行现场监督检查			
	建筑起重机械使用单位在建筑起重机械出现故障或发生异常情况时未立即停止使用，或在未消除故障和事故隐患时使用			

续表

管理行为	危险源描述	评价等级/风险标识	主要控制措施	管控层级
设备安全管理	建筑起重机械使用单位未对在用的建筑起重机械及其安全保护装置、吊具、索具等进行经常性和定期的检查、维护和保养，或在检查、维修和保养结束后未做好记录	一级/红色	工程建设企业、项目部开展隐患排查治理工作时，应对这项工作的执行与落实情况重点检查，确保合规	企业级
	建筑起重机械在使用过程中需要附着、顶升、加节等作业的，使用单位未委托原安装单位或委托没有相应资质的安装单位按照专项施工方案实施，或在附着、顶升、加节等作业结束后未按照规定组织验收，或在验收不合格的情况下即投入使用			
	建筑施工现场擅自在建筑起重机械上安装非原制造厂制造的标准节和附着装置			
	施工总承包单位未按照规定向安装单位提供拟安装设备位置的基础施工资料，或施工现场不具备建筑起重机械进场安装、拆卸所需的施工条件			
	施工总承包单位未按照规定审核建筑起重机械的特种设备制造许可证、产品合格证、制造监督检验证明、备案证明等文件			

续表

管理行为	危险源描述	评价等级/风险标识	主要控制措施	管控层级
设备安全管理	施工总承包单位未按照规定审核安装单位、使用单位的资质证书、安全生产许可证和特种作业人员的特种作业操作资格证书	一级/红色	工程建设企业、项目部开展隐患排查治理工作时，应对这项工作的执行与落实情况重点检查，确保合规	企业级
	施工总承包单位未按照规定审核安装单位制定的建筑起重机械安装、拆卸工程专项施工方案和生产安全事故应急救援预案			
	施工总承包单位未按照规定审核使用单位制定的建筑起重机械生产安全事故应急救援预案			
	施工总承包单位未按照规定指定专职安全生产管理人员监督检查建筑起重机械安装、拆卸、使用情况			
	施工总承包单位在施工现场有多台塔式起重机作业时，未按照规定组织制定并实施防止塔式起重机相互碰撞的安全措施			
	建筑施工企业、项目部未按照规定对重大危险源进行登记建档			
	建筑施工企业、项目部未按照规定对重大危险源进行定期检测、评估、监控，或未制定重大危险源应急预案			

续表

管理行为	危险源描述	评价等级/风险标识	主要控制措施	管控层级
设备安全管理	建筑施工企业、项目部未按照规定向从业人员如实告知作业场所和工作岗位存在的危险因素、防范措施以及在紧急情况下的应急措施	一级/红色	工程建设企业、项目部开展隐患排查治理工作时，应对这项工作的执行与落实情况重点检查，确保合规	企业级
	施工现场和员工宿舍未按照规定设有符合紧急疏散要求、标志明显、保持畅通的出口			
	建筑施工企业、项目部未按照规定在施工组织设计中编制安全技术措施和施工现场临时用电方案			
	建筑施工企业、项目部对危大工程未编制专项施工方案，或专项施工方案未附具安全验算结果			
	危大工程专项施工方案未经建筑施工企业技术负责人、项目总监理工程师签字确认			
	对于超过一定规模的危大工程专项施工方案未组织进行专家论证、审查			
	建筑施工现场未按照规定向项目管理人员、作业人员进行危大工程安全技术交底			

续表

管理行为	危险源描述	评价等级/风险标识	主要控制措施	管控层级
设备安全管理	建筑施工现场未按照规定对危大工程的实施过程进行有效监测，或深基坑工程等实施过程中未委托有相应资质的检测单位进行第三方监测	一级/红色	工程建设企业、项目部开展隐患排查治理工作时，应对这项工作的执行与落实情况重点检查，确保合规	企业级
危险作业管理	建筑施工现场未按照规定组织对危大工程的施工结果进行检查验收即实施下一道工序			
	建筑施工现场未按照规定记录并保存危大工程安全技术档案			
	施工现场未按照经专家论证、审查通过的超过一定规模的危大工程专项施工方案组织实施			
	建筑施工企业、项目部的安全生产管理人员未根据本单位的生产经营特点，对安全生产状况进行经常性检查；对检查中发现的安全问题未立即进行处理；对不能立即进行处理的安全问题，未按照规定及时报告项目负责人；项目负责人在接到报告后未及时处理			

续表

管理行为	危险源描述	评价等级/风险标识	主要控制措施	管控层级
危险作业管理	建筑施工企业实施爆破、吊装、动火、安全防护设施拆除及有限空间作业等危险作业前，未按照规定建立相应的安全责任制度、作业审批制度、教育培训制度、现场监护制度、应急救援制度、安全操作规程等	一级/红色	工程建设企业、项目部开展隐患排查治理工作时，应对这项工作的执行与落实情况重点检查，确保合规	企业级
	建筑施工现场实施爆破、吊装、动火、安全防护设施拆除及有限空间作业等危险作业前，未按照规定编制危险作业方案并履行审核、审批程序			
	建筑施工现场实施爆破、吊装、动火、安全防护设施拆除及有限空间作业等危险作业前，未明确作业现场负责人、监护人员及作业人员相应的安全职责			
	建筑施工现场实施爆破、吊装、动火、安全防护设施拆除及有限空间作业等危险作业前，未按照规定向有关人员进行风险告知，或未告知其应急措施及避难场所			

续表

管理行为	危险源描述	评价等级/风险标识	主要控制措施	管控层级
危险作业管理	建筑施工现场实施爆破、吊装、动火、安全防护设施拆除及有限空间作业等危险作业时，未安排专门人员进行现场安全管理；操作规程和安全措施未能得到有效遵守和落实	一级/红色	工程建设企业、项目部开展隐患排查治理工作时，应对这项工作的执行与落实情况重点检查，确保合规	企业级
	建筑施工现场实施爆破、吊装、动火、安全防护设施拆除及有限空间作业等危险作业时，未针对作业场所中的危险有害因素进行定时检测或连续监测			
	建筑施工现场实施爆破、吊装、动火、安全防护设施拆除及有限空间作业等危险作业前，未针对作业场所中存在的危险有害因素及可能导致的事故类型等，编制生产安全事故应急救援预案；未按照规定定期组织应急演练			
	建筑施工现场在发生危及人身安全的紧急情况时，项目部未责令作业人员立即停止作业；未在采取必要的应急措施后撤离危险区域			

续表

管理行为	危险源描述	评价等级/风险标识	主要控制措施	管控层级
危险作业管理	建筑施工企业、项目部未根据不同施工阶段和周围环境及季节、气候的变化，对实施危险作业的施工现场采取相应的安全保护措施	一级/红色	工程建设企业、项目部开展隐患排查治理工作时，应对这项工作的执行与落实情况重点检查，确保合规	企业级
	施工现场暂时停止施工的，建筑施工企业、项目部未按照规定对危险作业现场做好现场防护			
毗邻构筑保护	施工单位对因建设工程施工可能造成损害的毗邻建筑物、构筑物和地下管线等，未按照规定采取专项防护措施			
分包安全管理	两个及两个以上单位在同一区域内实施作业活动，可能危及对方生产安全时，未按照规定签订安全生产管理协议；未明确各自的安全生产管理职责和应当采取的安全措施；未指定专职安全生产管理人员进行安全检查与协调			
	建筑施工企业、项目部将生产经营项目、场所、设备、设施等发包或出租给不具备安全生产条件或没有相应资质的单位或个人			

续表

管理行为	危险源描述	评价等级/风险标识	主要控制措施	管控层级
分包安全管理	建筑施工企业、项目部未按照规定与承包单位、承租单位签订专门的安全生产管理协议，或在承包合同、租赁合同中未约定各自的安全生产管理职责	一级/红色	工程建设企业、项目部开展隐患排查治理工作时，应对这项工作的执行与落实情况重点检查，确保合规	企业级
	总承包单位未按照规定对承包单位、承租单位的安全生产工作实施统一协调或管理；总承包单位未对承包单位、承租单位定期进行安全检查；总承包单位未督促承包单位、承租单位对现场存在的安全问题进行整改			
	总承包单位依法将建设工程分包给其他单位的，分包合同中未明确各自的安全生产方面的权利、义务，或总承包单位未对分包单位的安全生产承担连带责任			
	分包单位不服从总承包单位管理，或分包单位推卸对因不服从总承包单位管理而发生的生产安全事故所应承担的责任			

续表

管理行为	危险源描述	评价等级/风险标识	主要控制措施	管控层级
安全费用管理	施工单位未对安全防护、文明施工措施费用实行专款专用，或在财务管理中未单独列出安全防护、文明施工措施项目费用清单	一级/红色	工程建设企业、项目部开展隐患排查治理工作时，应对这项工作的执行与落实情况重点检查，确保合规	企业级
	总承包单位未按照规定及合同约定及时向分包单位支付安全防护、文明施工措施的费用			
	施工单位安全生产管理机构和专职安全生产管理人员未对建筑工程安全防护、文明施工措施的组织实施进行现场监督检查			
	施工单位对列入建设工程概算的安全作业环境及安全施工措施所需的费用，未按照规定用于施工安全防护用具及设施的采购和更新、安全施工措施的落实、安全生产条件的改善，或挪作他用			
劳动防护用品及保险管理	未按照规定为从业人员提供符合国家标准或行业标准的劳动防护用品			
	未按照规定监督、教育从业人员按照使用规则佩戴、使用劳动防护用品			

续表

管理行为	危险源描述	评价等级/风险标识	主要控制措施	管控层级
劳动防护用品及保险管理	建筑施工企业、项目部未按照规定为从业人员办理工伤保险；未给从业人员缴纳工伤保险费用	一级/红色	工程建设企业、项目部开展隐患排查治理工作时，应对这项工作的执行与落实情况重点检查，确保合规	企业级
临时生活设施管理	施工现场未按照规定将办公、生活区与作业区分开设置，并保持安全距离；办公、生活区的选址不符合安全性要求			
	施工现场临时搭建的建筑物不符合安全使用要求；施工现场使用的装配式活动房屋未提供产品合格证			
	职工的膳食、饮水、休息场所等不符合卫生标准			
	施工现场在尚未竣工的建筑物内设置员工集体宿舍			
消防管理	施工现场未建立消防安全责任制度；未确定消防安全责任人；未制定用火、用电、使用易燃易爆材料等各项消防安全管理制度和操作规程；对易燃易爆材料未采取相应的安全技术措施；未设置消防通道、消防水源，配备消防设施和灭火器材；未在施工现场入口处设置明显标志			

续表

管理行为	危险源描述	评价等级/风险标识	主要控制措施	管控层级
领导带班	建筑施工企业未按照规定建立企业负责人及项目负责人施工现场带班制度；建筑施工企业未对带班制度进行考核	一级/红色	工程建设企业每月依照相关法律、法规的规定进行检查、通报、奖惩，确保合规	企业级
	施工现场带班制度未明确其工作内容、职责权限和考核奖惩等要求			
	建筑施工企业负责人每月带班检查的时间少于其工作日的25%；带班检查时未做好检查记录			
	工程项目进行超过一定规模的危险性较大的分部分项工程施工时，建筑施工企业负责人未到施工现场进行带班检查；对于有分公司（非独立法人）的企业集团，集团负责人因故不能到现场的，未书面委托工程所在地的分公司负责人对施工现场进行带班检查			
	工程项目出现险情或发现重大事故隐患时，建筑施工企业负责人未到施工现场进行带班检查；未督促落实事故隐患整改			

续表

管理行为	危险源描述	评价等级/风险标识	主要控制措施	管控层级
领导带班	项目负责人每月带班生产时间少于本月施工时间的 80%；项目负责人因其他事务需离开施工现场时，未向工程项目的建设单位请假即自行离开；项目负责人离开施工现场期间未委托项目相关负责人负责其外出时的日常工作	一级/红色	工程建设企业每月依照相关法律、法规的规定进行检查、通报、奖惩，确保合规	企业级
	项目负责人带班生产时未按照规定做好带班生产记录并签字存档备查			
应急管理	建筑施工企业、项目部未按照规定制定企业、项目部生产安全事故应急救援预案		工程建设企业、项目部开展隐患排查治理工作时，应对这项工作的执行与落实情况重点检查，确保合规	
	建筑施工企业、项目部未按照规定定期组织应急演练			
	建筑施工企业、项目部未按照规定建立企业、项目部应急救援组织或配备应急救援人员			
	建筑施工企业、项目部未按照规定配备必要的应急救援器材、设备和物资；未对其进行经常性维护、保养			

续表

管理行为	危险源描述	评价等级/风险标识	主要控制措施	管控层级
应急管理	项目部未根据建设工程施工的特点、范围，对现场易发生重大事故的部位、环节进行监控；或分包单位未按照应急救援预案的要求建立应急救援组织、配备应急救援人员、配备救援器材、定期组织演练	一级/红色	工程建设企业、项目部开展隐患排查治理工作时，应对这项工作的执行与落实情况重点检查，确保合规	企业级
生产安全事故管理	施工现场发生生产安全事故后，项目负责人未按照规定立即向建筑施工企业主要负责人进行报告			
	建筑施工企业主要负责人接到事故报告后，未按照规定立即如实向安全生产监督管理部门、建设行政主管部门或其他有关部门报告			
	施工现场发生生产安全事故后，项目负责人未立即组织抢救，或未采取措施防止事故扩大			
	施工现场发生生产安全事故后，企业、项目部未保护好事故现场（需要移动现场物品时，应当做出标记和书面记录，妥善保管有关证物）			

续表

管理行为	危险源描述	评价等级/风险标识	主要控制措施	管控层级
生产安全事故管理	施工现场发生生产安全事故后，企业主要负责人、项目负责人隐瞒不报、谎报或者迟报，或在事故调查处理期间擅离职守的	一级/红色	工程建设企业、项目部开展隐患排查治理工作时，应对这项工作的执行与落实情况重点检查，确保合规	企业级
	施工现场发生生产安全事故后，企业、项目部故意破坏事故现场、毁灭有关证据			

3.4.2 重大风险（一级风险）管控清单（项目现场）范例

重大风险（一级风险）管控清单（项目现场）范例

工程名称		危险源描述	施工时段	评价等级/风险标识	事故类型	主要控制措施					管控层级
						工程技术	管理措施	培训教育	安全防护	应急处置	
基坑工程	土方开挖	超过5 m（含5 m）的基坑（槽），未按照施工方案要求分层、分段开挖，或在支护结构不符合设计要求、未对支护结构验收合格的情况下实施土方开挖作业	2022年1月—3月	一级/红色	坍塌	严格落实《建筑深基坑工程施工安全技术规范》(JGJ 311—2013)的相关要求	1. 编制专项施工方案、组织专家论证；2. 企业定期组织开展专项检查和监管	对作业人员进行安全技术交底	作业人员正确佩戴合格的劳动防护用品	1. 编制应急处置方案；2. 做好应急物资储备；3. 定期组织应急演练	企业级
	基坑支护	超过5 m（含5 m）的基坑（槽），未按照专项设计、专项施工方案的规定支护，或支护结构及支护结构拆除顺序与专项设计、专项施工方案的规定不相符	2022年1月—3月								
	降排水	超过5 m（含5 m）的基坑（槽），开挖深度范围内有地下水时，未采取并落实有效的降排水措施	2022年1月—3月								
	基坑监测	超过5 m（含5 m）的基坑（槽），未按照施工方案的要求进行监测；当基坑变形超过报警值时未及时报告、未采取并落实有效的控制措施	2022年1月—3月								

3.4.3 较大风险（二级风险）管控清单（项目现场）范例

较大风险（二级风险）管控清单（项目现场）范例

工程名称		危险源描述	施工时段	评价等级/风险标识	事故类型	主要控制措施					管控层级
						工程技术	管理措施	培训教育	安全防护	应急处置	
基坑工程	土方开挖	超过3 m（含3 m）的基坑（槽），未按照施工方案要求分层、分段开挖；在支护结构不符合设计要求、未对支护结构验收合格的情况下实施土方开挖作业	2022年1月—3月	二级/橙色	坍塌	严格落实《建筑深基坑工程施工安全技术规范》（JGJ 311—2013）的相关要求	1. 编制专项施工方案、组织专家论证；2. 项目部定期组织开展专项检查和监管	对作业人员进行安全技术交底	作业人员正确佩戴合格的劳动防护用品	1. 编制应急处置方案；2. 做好应急物资储备；3. 定期组织应急演练	项目部级
	基坑支护	超过3 m（含3 m）的基坑（槽），未按照专项设计、专项施工方案的规定支护；支护结构及支护结构拆除顺序与专项设计、专项施工方案的规定不相符	2022年1月—3月								
	降排水	超过3 m（含3 m）的基坑（槽），开挖深度范围内有地下水时，未采取并落实有效的降排水措施	2022年1月—3月								
	基坑监测	超过3 m（含3 m）的基坑（槽），未按照施工方案的要求进行监测；当基坑变形超过报警值时未及时报告、未采取并落实有效的控制措施	2022年1月—3月								

3.4.4 重（较）大危险源分级管控台账清单

重（较）大风险危险分级管控台账清单

单位：

序号	重（较）大危险源描述	区域位置	事故类型	主要控制措施	管控层级	责任人	管控时间

编制：　　　　　　　　审核：　　　　　　　　日期：

注：该表格仅填写《风险控制措施及分级管控清单》中的一级、二级风险。

3.4.5　危险性较大的分部分项工程清单及事故隐患排查清单

危险性较大的分部分项工程清单及事故隐患排查清单

项目名称：

工程名称	危险性较大的分部分项工程	是否存在	部位及规模	施工时段	备注
基坑工程	开挖深度超过 3 m（含 3 m）的基坑（槽）的土方开挖、支护、降水工程	□			
	开挖深度虽未超过 3 m，但地质条件、周围环境和地下管线复杂，或影响毗邻建（构）筑物安全的基坑（槽）的土方开挖、支护、降水工程	□			
模板工程及支撑体系	各类工具式模板工程：滑模、爬模、飞模、隧道模等工程	□			
	混凝土模板支撑工程：搭设高度 5 m 及以上，搭设跨度 10 m 及以上，施工总荷载（荷载效应基本组合的设计值，以下简称设计值）10 kN/m² 及以上，集中线荷载（设计值）15 kN/m² 及以上，高度大于支撑水平投影宽度且相对独立无联系构件的混凝土模板支撑工程	□			
	承重支撑体系：用于钢结构安装等满堂支撑体系	□			

续表

工程名称	危险性较大的分部分项工程	是否存在	部位及规模	施工时段	备注
起重吊装及安拆工程	采用非常规起重设备、方法，且单件起吊重量在 10kN 及以上的起重吊装工程	□			
	采用起重机械进行安装的工程	□			
	起重机械安装和拆卸工程	□			
脚手架工程	搭设高度 24m 及以上的落地式钢管脚手架工程（包括采光井、电梯井脚手架）	□			
	附着式升降脚手架工程	□			
	悬挑式脚手架工程	□			
	高处作业吊篮	□			
	卸料平台、操作平台工程	□			
	异型脚手架工程	□			
拆除工程	可能影响行人、交通、电力设施、通信设施或其他建（构）筑物安全的拆除工程	□			
暗挖工程	采用矿山法、盾构法、顶管法施工的隧道、洞室工程	□			

续表

工程名称	危险性较大的分部分项工程	是否存在	部位及规模	施工时段	备注
其他	建筑幕墙安装工程	□			
	钢结构、网架和索膜结构安装工程	□			
	人工挖孔桩工程	□			
	水下作业工程	□			
	装配式建筑混凝土预制构件安装工程	□			
	采用新技术、新工艺、新材料、新设备可能影响工程施工安全，尚无国家、行业及地方技术标准的分部分项工程	□			

编制：　　　　　　审核：　　　　　　日期：

注：1. 当危险性较大的分部分项工程在工程项目存在时，在“是否存在”栏内画“√”；

2. “施工时段”应填写该工程预计施工时间区间。

3.4.6 超过一定规模的危险性较大的分部分项工程清单

超过一定规模的危险性较大的分部分项工程清单

项目名称：

序号	危险性较大的分部分项工程	是否存在	部位及规模	施工时段	备注
深基坑工程					
1	开挖深度超过 5m（含 5m）的基坑（槽）的土方开挖、支护、降水工程	□			
模板工程及支撑体系					
2	各类工具式模板工程：滑模、爬模、飞模、隧道模等工程	□			
3	混凝土模板支撑工程：搭设高度 8 m 及以上，搭设跨度 18 m 及以上，施工总荷载（设计值）15kN/m² 及以上，集中荷载（设计值）20kN/m² 及以上	□			
4	承重支撑体系：用于钢结构安装等满堂支撑体系，承受单点集中荷载 7kN 及以上	□			
起重吊装工程及安拆作业					
5	采用非常规起重设备、方法，且单件起吊重量在 100kN 及以上的起重吊装工程	□			
6	起重量 300 kN 及以上，搭设总高度 200 m 及以上，搭设基础标高在 200 m 及以上的起重机械安装和拆卸工程	□			

续表

序号	危险性较大的分部分项工程	是否存在	部位及规模	施工时段	备注
脚手架工程					
7	搭设高度 50 m 及以上的落地式钢管脚手架工程	□			
8	提升高度在 150 m 及以上的附着式升降脚手架工程或附着式升降操作平台工程	□			
9	分段架体搭设高度 20 m 及以上的悬挑式脚手架工程	□			
拆除工程					
10	码头、桥梁、高架、烟囱、水塔或拆除中容易引起有毒有害气（液）体、粉尘扩散、易燃易爆事故发生的特殊建（构）筑物的拆除工程	□			
11	文物保护建筑、优秀历史建筑或历史文化风貌区影响范围内的拆除工程	□			
暗挖工程					
12	采用矿山法、盾构法、顶管法施工的隧道、洞室工程	□			
其他					
13	施工高度 50 m 及以上的建筑幕墙安装工程	□			
14	跨度 36 m 及以上的钢结构安装工程，或跨度 60 m 及以上的网架和索膜结构安装工程	□			
15	开挖深度 16 m 及以上的人工挖孔桩工程	□			

续表

序号	危险性较大的分部分项工程	是否存在	部位及规模	施工时段	备注
16	水下作业工程	□			
17	重量 1 000kN 及以上的大型结构整体顶升、平移、转体等施工工艺	□			
18	采用新技术、新工艺、新材料、新设备可能影响工程施工安全，尚无国家、行业及地方技术标准的分部分项工程	□			

编制：　　　　审核：　　　　日期：

注：1. 当超过一定规模的危险性较大的分部分项工程在工程项目存在时，在“是否存在”栏内画“√”；
2. “施工时段”应填写该超过一定规模的危险性较大的分部分项工程预计施工时间区间。

3.4.7 生产安全（重大、较大）事故隐患排查清单

生产安全（重大、较大）事故隐患排查清单

单位：　　　　　　　　　　　　排查类型：　　　　　　　　　　编号：

序号	危险源	隐患状态描述	隐患类别	隐患等级	事故类型	主要治理措施	治理负责人	整改情况	未完成原因

排查人员：　　　　　　日期：　　　　　　审核：　　　　　　日期：

注：1. 排查类型包括综合性隐患排查、日常隐患排查、专项隐患排查、季节性隐患排查、重大活动及节假日前隐患排查、复工前隐患排查、事故类比隐患排查、其他类型的隐患排查及日排查、周排查、月排查、季度排查、年度排查等。

2. “隐患类别”栏按照隐患类别填写“基础管理”或“生产现场”。

3. “安全隐患整改单与回复单”可以结合项目部门样张编制。

3.4.8 双重预防体系管理资料文件

双重预防体系管理资料文件目录

序号	归档文件名称	归档时间	备注
1	企业资质		
2	安全生产组织机构和岗位职责		
3	安全生产管理制度		
4	项目安全生产协议书		
5	安全生产投入		
6	安全生产奖惩考核		

注：根据工程建设的实际需求加减项。

3.5 危险源辨识方法

3.5.1 安全检查表法（Safety Checklist）

为了系统地找出系统中的不安全因素，把系统加以剖析，列出各层次的不安全因素，然后确定检查项目，以提问的方式把检查项目按系统的组成顺序编制成表，以便进行检查或评审，这种表就叫作安全检查表。安全检查表是进行安全检查，发现和查明各种危险和隐患、监督各项安全规章制度的实施，及时发现并制止违章行为的一个有力工具。安全检查表可以事先编制并组织实施，自 20 世纪 30 年代开始应用以来已发展成为预测和预防事故的重要手段。

安全检查表法是一种最通用的定性安全评价方法，可适用于各类系统的设计、验收、运行、管理阶段以及事故调查过程，应用十分广泛。

1）安全检查表的优缺点：

（1）能够事先编制，故可有充分的时间组织有经验的人员来编写，做到系统化、完整化，不至于漏掉能导致危险的关键因素。

（2）可以根据国家相关的标准、规范和法规，检查遵守的情况，提出准确的评价。

（3）表的应用方式是有问有答，让人印象深刻，能起到安全教育的作用。表内还可注明改进措施的要求，隔一段时间后重新检查改进情况。

（4）检查表简明易懂，容易掌握。

（5）只能作定性的评价，不能给出定量评价结果。

（6）只能对已经存在的对象进行评价。

2）安全检查表法具有以下主要特点：

（1）检查表的编制系统全面，可全面查找危险、有害因素，避免了传统安全检查中易遗漏、疏忽的弊端。

（2）检查表中体现了相关法规、标准的要求，使检查工作更法规化、规范化。

（3）针对不同的检查对象和检查目的，可编制不同的检查表，应用灵活广泛。

（4）检查表简明易懂，易于掌握，检查人员按表逐项检查，操作方便，能弥补其知识和经验不足的缺陷。

（5）编制安全检查表的工作量及难度较大，检查表的质量受制于编制者的知识水平及经验积累。

3）安全检查表法主要包括以下四个操作步骤：收集评价对象的有关数据资料；选择或编制安全检查表；现场检查评

价；编写评价结果分析。

（1）编制安全检查表应收集研究的主要资料。

①国家相关的标准、规范及法规。

②同类企业的安全管理经验及国内外事故案例。

③通过系统安全分析已确定的危险部位及其防范措施。

④装置的有关技术资料等。

（2）选择指导性或强制性的安全检查表法，有关人员按照国家有关法律、法规、标准的要求，根据系统或经验分析的结果，把评价项目及环境的危险源集中起来，编制了若干个具有指导性或强制性的安全检查表。如日本厚生劳动省的安全检查表、美国杜邦公司的过程危险检查表、我国机械工厂安全性评价表、危险化学品经营单位安全评价现场检查表、加油站安全检查表、液化石油充装站安全评价现场检查表、光气及光气化产品生产装置安全检查表等。

评价人员需熟知国家及地方的安全评价法规、标准中规定的各类安全检查表，根据评价对象正确选择适宜的安全检查表。

（3）安全检查表的编制。

当无适宜的安全检查表可选用时，安全评价人员应根据评价对象正确选择评价单元，依据相关的法律、法规、标准要求编制安全检查表。

编制安全检查表是安全检查表分析法的重点和难点，编制时应注意以下问题：

①检查表的项目内容应繁简适当、重点突出、有启发性。

②检查表的项目内容应针对不同评价对象有侧重点，尽量避免重复。

③检查表的项目内容应有明确的定义，可操作性强。

④检查表的项目内容应包括可能导致事故的一切不安全因素，确保能及时发现各种安全隐患。

安全检查表的评价单元是按照评价对象的特征进行选择的，如编制生产企业的安全生产条件安全检查表时，评价单元可分为安全管理单元、厂址与平面布置单元、生产储存场所建筑单元、生产储存工艺技术与装备单元、电气与配电设施单元、防火防爆防雷防静电单元、公用工程与安全卫生单元、消防设施单元、安全操作与检修作业单元、事故预防与救援处理单元和危险物品安全管理单元等。

为了使安全检查表法的评价能得到系统安全程度的量化结果，有关人员开发了许多行之有效的评价计值方法，根据评价计值方法的不同，常见的安全检查表有否决型检查表、半定量检查表和定性检查表三种类型。

a. 否决型检查表。否决型检查表是给定一些特别重要的检查项目作为否决项，只要这些检查项目不符合安全规定，则将该系统总体安全状况视为不合格，检查结果就为“不合格”。这种检查表的特点就是重点突出。

b. 半定量检查表。半定量检查表是给每个检查项目设定分值，检查结果以总分表示，根据分值划分评价等级。这种检查表的特点是可以对检查对象进行比较。但对检查项目准确赋值比较困难。

c. 定性检查表。定性检查表是罗列检查项目并逐项检查，检查结果以“是”“否”或“不适用”表示，检查结果不能量化，但应作出与法律、法规、标准中具体条款是否一致的结论。这种检查表的特点是编制相对简单，通常作为企业安全综合评价或定量评价以外的补充性评价。

（4）现场检查评价。

根据安全检查表所列的项目，在现场逐项进行检查，对检查到的事实情况如实记录和评定。

（5）编写评价结果分析。

根据检查的记录及评定，按照安全检查表的评价计值方法，对评价对象给予安全程度评级。定性的分析结果随不同分析对象而变化，但需做出与法律、法规或标准是否一致的结论。此外，安全检查表分析通常应提出一系列的提高安全性的可能性途径供管理者考虑。

安全检查表应列举需查明的所有会导致事故的不安全因素。它采用提问的方式，要求回答“是”或“否”。“是”表示符合要求，“否”表示存在问题有待于进一步改进。所以在每个提问后面也可以设改进措施栏。每个检查表均需注明检查时间、检查者、直接负责人等，以便分清责任。安全检查表的设计应做到系统、全面，检查项目应明确。

（6）编制安全检查表的主要依据。

①有关法律、法规及标准。为了保证安全生产，国家及有关部门发布了各类安全标准及有关的文件，这些是编制安全检查表的一个主要依据。为了便于工作，有时将检查条款的出处加以注明，以便能尽快统一意见。

②国内外事故案例。收集国内外同行业及同类产品行业的事故案例，从中发掘出不安全因素，作为安全检查的内容。

③通过系统分析确定的危险部位及防范措施也应作为安全检查表的内容。

④研究成果。在现代信息社会和知识经济时代，知识更新

很快，编制安全检查表必须采用最新的知识和研究成果。包括新方法、新技术、新法规和新标准。

3.5.2 工作危害分析（JHA）

工作危害分析是一种安全风险分析方法，适合于对作业活动中存在的风险进行分析，制定控制和改进措施，以达到控制风险、减少和杜绝事故的目的。

危险有害因素识别是风险评价工作的基础，只有全面、细致地识别出生产经营活动中存在的危险有害因素，才能对这些危险有害因素进行定性或定量的风险分析和评价，再根据风险严重程度制定和落实控制措施。开展工作危害分析，应首先识别作业活动中的危险有害因素。

工作危害分析法主要用于辨识作业活动类风险点中的危险源，包括以下步骤：

（1）将作业活动划分为多道工序。

作业活动可按生产流程的阶段、地理区域、装置、作业任务、生产阶段、部门划分或将上述内容结合起来进行划分。

作业活动划分后，应按照表 1 填写作业活动清单。

表 1 作业活动清单

单位名称：

序号	作业岗位	作业活动	作业活动编号

（2）分析每道工序中的潜在危险因素。

（3）在现有的控制措施条件下，对可能导致生产安全事故的类型及后果做出判断。

在进行风险评价时，应从影响人、财产和环境三个方面的可能性和严重程度分析。从作业活动清单中选定一项作业活动，将作业活动分解为若干个相连的工作步骤，识别每个步骤的潜在危险、有害因素，然后通过风险评价，判定风险等级，制定控制措施。作业步骤应按实际作业步骤划分，步骤划分不能过粗，也不能过细，应让人明白这项工作是如何进行的，以对操作人员能起到指导作用为宜。

工作危害分析的主要目的是防止从事此项作业的人员和他人受到伤害，也不能使设备和其他系统受到影响或损害。危险分析时既要分析作业人员工作不规范的危险、有害因素，也要分析作业环境存在的潜在危险、有害因素和工作本身存在的危险、有害因素。工作危害分析可按照表 2 填写。

表 2　工作危害分析（JHA）记录

工作任务：　　　　　　　　工作岗位：　　　　　　　　作业编号：

序号	工作步骤	危害	主要后果	*L*	*S*	*R*	风险等级	现有控制措施	建议改正/控制措施

分析人员：　　　　　　　　审核人：　　　　　　　　日期：

三个量化指标：*L* 表示事故发生的可能性（表 3），*S* 表示事故发生后果的严重性（表 4），*R* 表示风险度。一般把风险度（危险度）表示为事故发生的可能性和后果严重性的函数：

$R=L\times S$，根据企业自身情况（包括行业特点、规模大小、资金、安全管理现状等）将 R 取值范围划分为轻微或可忽略的风险、可接受风险、中等风险、重大风险、巨大风险等（表 5）。

表 3　事故发生的可能性（L）判定准则

等级（分值）	标准
5	在现场没有采取防范、检测、保护、控制措施或危害的发生不能被发现（没有监控系统）；在正常情况下经常发生此类事故或事件
4	危害的发生不容易被发现，现场没有检测系统，也没有做过任何检测或在现场有控制措施，没有有效执行控制措施；危害经常发生或在预期情况下发生
3	没有保护措施（如没有保护装置、没有个人防护用品等），没有严格按照操作规程执行，没有预防危害的发生；危害容易被发现、现场有监控系统；曾经做过检测，过去曾经发生过类似事故或事件，在异常情况下发生过类似事故或事件
2	危害一旦发生，能及时发现并定期进行检测；现场有防范控制措施并能有效执行；过去偶然发生事故或事件
1	有充分有效的防范、控制、检测和保护措施，员工安全防范意识相当高，严格执行操作规程及不可能发生事故或事件

表 4　事故发生后果严重性（S）判定准则

等级（分值）	人员	财产损失/万元
5	造成人员死亡	>50
4	造成人员重伤	>25
3	造成人员轻伤	>10
2	造成人员轻微伤	<10
1	无人员伤亡	无损失

表 5　风险等级判定准则及控制措施

风险值（分值）	风险等级	应采取的控制措施	实施期限
20～25	巨大风险	在采取措施降低危害前，停止作业，并对改进措施进行论证评估	立刻
15～16	重大风险	采取紧急措施降低风险，建立运行控制程序，定期检查、测量及评估	立即或近期整改
9～12	中等风险	可考虑建立目标、建立操作规程，加强培训和沟通	2 年内治理
4～8	可接受风险	可考虑建立操作规程，作业指导书但需定期检查	有条件、有经费时治理
＜4	轻微或可忽略的风险	无须采取控制措施，但需要记录	—

（4）形成危险源清单。以表 5 为依据决定优先控制顺序，落实控制措施，以改进安全管理现状，保护员工生命安全健康和公司财产安全。

3.6　风险评价方法作业条件危险性分析法（LEC）

作业条件危险性分析法是对具有潜在危险性作业环境中的危险源进行半定量安全评价的方法，用于评价操作人员在具有潜在危险性环境中作业时的危险性和危害性。

用该方法与和系统风险有关的三种因素指标值的乘积来评价操作人员的伤亡风险大小，这三种因素分别是 *L*（likelihood，事故发生的可能性）、*E*（exposure，人体暴露于危险环境中的频繁程度）和 *C*（criticality，一旦发生事故可能造成的损失后果）。给三种因素的不同等级分别确定不同的分值，再以三个分值的乘积 D（danger，危险性）来评价作业条件危险性的大小，即 $D=L\times E\times C$，风险分值 $D=LEC$。D 值越大，说明该系统危险性大，需要增加安全措施，改变发生事故的可能性，减少人体暴露于危险环境中的频繁程度，减轻事故损失，直至调整到允许范围内。

对这三种因素分别进行客观的科学计算，并得到准确的数据，是相当烦琐的过程。为了简化评价过程，采取半定量计值法。即根据以往的经验和估计，分别对这三种因素划分不同的等级，并赋值。具体如表 6～表 8 所示。

表 6　事故发生的可能性（*L*）

分数值	事故发生的可能性
10	完全可以预料
6	相当可能
3	可能，但不经常
1	可能性小，完全意外
0.5	很不可能，可以设想
0.2	极不可能
0.1	实际不可能

表 7　人体暴露于危险环境中的频繁程度（*E*）

分数值	人体暴露于危险环境中的频繁程度
10	连续暴露
6	每天工作时间内暴露
3	每周一次或偶然暴露
2	每月一次暴露
1	每年几次暴露
0.5	非常罕见暴露

表 8　一旦发生事故可能造成的损失后果（*C*）

分数值	一旦发生事故可能造成的损失后果
100	10 人以上死亡
40	3～9 人死亡
15	1～2 人死亡
7	严重
3	重大，伤残
1	引人注意

根据危险性：$D=L\times E\times C$ 就可以计算出作业的危险程度，并判断评价危险性的大小。其中的关键还是如何确定各个分值，以及对乘积值的分析、评价和利用。

根据经验（表 9），危险分值在 20 以下被认为是低危险，这样的危险性比日常生活中骑自行车去上班还要少；危险风值为 20～70 为一般危险，需要注意；如果危险分值达到 70～160，那就有显著的危险性，需要及时整改；如果危险分值在 160～320，那么这是一种必须立即采取整改措施的高度危险环境；危险分值在 320 以上表示环境极其危险，应立即停止生产直到环境得到改善为止。

表 9　危险性分析

D 值	危险程度
＞320	极其危险，立即停止作业
160～320	高度危险，必须立即整改
70～160	显著危险，需要及时整改
20～70	一般危险，需要注意
＜20	稍有危险，可以接受

值得注意的是风险评价法对危险等级的划分，在一定程度上是凭经验判断，应用时需要考虑其局限性，应根据实际情况予以修正。

某施工项目 LEC 分析表

序号	施工区域/过程	人员/设施/活动	分序	危　险　因　素	潜在的类型	*L*	*E*	*C*	*D*	危险程度描述
1	方案措施管理		1	无施工组织设计（专项施工方案）或安全技术措施	各类事故	1	2	15	30	Ⅱ级：可能危险，需要注意
			2	未组织开工前条件审查	各类事故	1	2	15	30	Ⅱ级：可能危险，需要注意
			3	未组织人员进场教育培训、安全技术交底、岗前交底	各类事故	1	3	15	45	Ⅱ级：可能危险，需要注意
2	高处悬空、临边作业、登高作业	一般规定	1	未设置工器具防坠落装置和配置防滑鞋等防护用品	高坠/物打	1	3	7	21	Ⅱ级：可能危险，需要注意
3			2	安全带无可靠系挂点，且未设生命线	高处坠落	1	3	15	45	Ⅱ级：可能危险，需要注意
			3	作业人员未规范体检或带病上岗	高处坠落	1	2	15	30	Ⅱ级：可能危险，需要注意
4		临边防护	1	安全帽、安全网、安全带不合格	高坠/物打	1	3	15	45	Ⅱ级：可能危险，需要注意
		登高作业	1	设备防护设施不齐全、带病作业	高处坠落	1	3	15	35	Ⅱ级：可能危险，需要注意
			2	人员误操作	高处坠落	1	2	15	30	Ⅱ级：可能危险，需要注意

附件 1

房屋市政工程生产安全重大事故隐患判定标准

（2022 版）

第一条　为准确认定、及时消除房屋建筑和市政基础设施工程生产安全重大事故隐患，有效防范和遏制群死群伤事故发生，根据《中华人民共和国建筑法》《中华人民共和国安全生产法》《建设工程安全生产管理条例》等法律和行政法规，制定本标准。

第二条　本标准所称重大事故隐患，是指在房屋建筑和市政基础设施工程（以下简称房屋市政工程）施工过程中，存在的危害程度较大、可能导致群死群伤或造成重大经济损失的生产安全事故隐患。

第三条　本标准适用于判定新建、扩建、改建、拆除房屋市政工程的生产安全重大事故隐患。

县级及以上人民政府住房和城乡建设主管部门和施工安全监督机构在监督检查过程中可依照本标准判定房屋市政工程生产安全重大事故隐患。

第四条　施工安全管理有下列情形之一的，应判定为重大事故隐患：

（一）建筑施工企业未取得安全生产许可证擅自从事建筑施工活动；

（二）施工单位的主要负责人、项目负责人、专职安全生产管理人员未取得安全生产考核合格证书从事相关工作；

（三）建筑施工特种作业人员未取得特种作业人员操作资格证书上岗作业；

（四）危险性较大的分部分项工程未编制、未审核专项施工方案，或未按规定组织专家对“超过一定规模的危险性较大的分部分项工程范围”的专项施工方案进行论证。

第五条　基坑工程有下列情形之一的，应判定为重大事故隐患：

（一）对因基坑工程施工可能造成损害的毗邻重要建筑物、构筑物和地下管线等，未采取专项防护措施；

（二）基坑土方超挖且未采取有效措施；

（三）深基坑施工未进行第三方监测；

（四）有下列基坑坍塌风险预兆之一，且未及时处理：

1. 支护结构或周边建筑物变形值超过设计变形控制值；

2. 基坑侧壁出现大量漏水、流土；

3. 基坑底部出现管涌；

4. 桩间土流失孔洞深度超过桩径。

第六条　模板工程有下列情形之一的，应判定为重大事故隐患：

（一）模板工程的地基基础承载力和变形不满足设计要求；

（二）模板支架承受的施工荷载超过设计值；

（三）模板支架拆除及滑模、爬模爬升时，混凝土强度未达到设计或规范要求。

第七条　脚手架工程有下列情形之一的，应判定为重大事故隐患：

（一）脚手架工程的地基基础承载力和变形不满足设计要求；

（二）未设置连墙件或连墙件整层缺失；

（三）附着式升降脚手架未经验收合格即投入使用；

（四）附着式升降脚手架的防倾覆、防坠落或同步升降控制装置不符合设计要求、失效、被人为拆除破坏；

（五）附着式升降脚手架使用过程中架体悬臂高度大于架体高度的 2/5 或大于 6 米。

第八条　起重机械及吊装工程有下列情形之一的，应判定为重大事故隐患：

（一）塔式起重机、施工升降机、物料提升机等起重机械设备未经验收合格即投入使用，或未按规定办理使用登记；

（二）塔式起重机独立起升高度、附着间距和最高附着以上的最大悬高及垂直度不符合规范要求；

（三）施工升降机附着间距和最高附着以上的最大悬高及垂直度不符合规范要求；

（四）起重机械安装、拆卸、顶升加节以及附着前未对结构件、顶升机构和附着装置以及高强度螺栓、销轴、定位板等连接件及安全装置进行检查；

（五）建筑起重机械的安全装置不齐全、失效或者被违规拆除、破坏；

（六）施工升降机防坠安全器超过定期检验有效期，标准节连接螺栓缺失或失效；

（七）建筑起重机械的地基基础承载力和变形不满足设计要求。

第九条　高处作业有下列情形之一的，应判定为重大事故隐患：

（一）钢结构、网架安装用支撑结构地基基础承载力和变形不满足设计要求，钢结构、网架安装用支撑结构未按设计要求设置防倾覆装置；

（二）单榀钢桁架（屋架）安装时未采取防失稳措施；

（三）悬挑式操作平台的搁置点、拉结点、支撑点未设置在稳定的主体结构上，且未做可靠连接。

第十条　施工临时用电方面，特殊作业环境（隧道、人防工程，高温、有导电灰尘、比较潮湿等作业环境）照明未按规定使用安全电压的，应判定为重大事故隐患。

第十一条　有限空间作业有下列情形之一的，应判定为重大事故隐患：

（一）有限空间作业未履行“作业审批制度”，未对施工人员进行专项安全教育培训，未执行“先通风、再检测、后作业”原则；

（二）有限空间作业时现场未有专人负责监护工作。

第十二条　拆除工程方面，拆除施工作业顺序不符合规范和施工方案要求的，应判定为重大事故隐患。

第十三条　暗挖工程有下列情形之一的，应判定为重大事故隐患：

（一）作业面带水施工未采取相关措施，或地下水控制措施失效且继续施工；

（二）施工时出现涌水、涌沙、局部坍塌，支护结构扭曲变形或出现裂缝，且有不断增大趋势，未及时采取措施。

第十四条　使用危害程度较大、可能导致群死群伤或造成重大经济损失的施工工艺、设备和材料，应判定为重大事故隐患。

第十五条 其他严重违反房屋市政工程安全生产法律法规、部门规章及强制性标准，且存在危害程度较大、可能导致群死群伤或造成重大经济损失的现实危险，应判定为重大事故隐患。

第十六条 本标准自发布之日起执行。

附件 2

公路水运工程建设项目生产安全重大事故隐患判定指南

（征求意见稿）

中华人民共和国交通运输部编制

2019 年 1 月 28 日

1. 总　则

1.1　为科学判定公路水运工程重大事故隐患，防范公路水运工程生产安全事故，根据《中华人民共和国安全生产法》《建设工程安全管理条例》《公路水运工程安全生产监督管理办法》《公路水路行业安全生产隐患治理暂行办法》等法律法规规章制度，制定本指南。

1.2　本指南适用于经依法审批、核准或者备案的公路水运基础设施的新建、改建、扩建工程在施工期间开展的重大事故隐患的判定。火灾、危险化学品、有毒有害物质等领域重大隐患判定另有规定的，适用其规定。

1.3　重大事故隐患指公路水运工程施工过程中可能导致较大及以上等级生产安全事故的隐患，且整改难度较大，需全部或局部停工，经过一定时间整改治理方能消除的隐患，或者因外部因素影响致使从业单位自身难以消除的隐患。

重大事故隐患分为Ⅰ级和Ⅱ级两个等级。

Ⅰ级重大事故隐患是指可能导致重大及以上等级生产安全事故的隐患。

Ⅱ级重大事故隐患是指可能导致较大生产安全事故的隐患。

2. 判定方法

2.1 公路水运工程生产安全重大事故隐患判定分为直接判定法和综合判定法，应先采用直接判定法，不能用直接判定法的，宜采用综合判定法判定。

2.2 直接判定法。符合附1《公路水运工程建设项目生产安全典型重大事故隐患直接判定基础清单》中的任何一条隐患情形描述的，可判定为重大事故隐患。

2.3 综合判定法一般适用对象为大型临时设施，大型支撑结构，大型施工机械设备，土石方开挖等危险性较大作业工序。

综合判定法从管理、环境、技术三个维度给出隐患描述。当单项工程符合附2《公路水运工程建设项目生产安全重大事故隐患综合判定法》有关隐患描述，依据附2中重大事故隐患判定依据判定。

3. 判定要求

3.1 重大事故隐患判定应结合资料检查与现场检查情况。

3.2 重大事故隐患直接或综合判定存在异议的，应由建设单位牵头组织各参建单位进行集体讨论或专家技术论证，并听取建设单位、监理单位、施工单位和第三方单位等利害关系人的意见。

3.3 技术论证专家组应由具有高级专业技术职称，并从事相关专业工作15年以上专业经验的专家组成，人数不应少于5人且为奇数。与本工程有利害关系的人员不得以专家身份参加专家论证会。

3.4 判定重大事故隐患时，应当明确重大事故隐患治理前应采取的防范措施。情况较复杂的隐患当场不能明确防范措施的，应明确提出措施的时限。

4. 附　则

4.1　省级交通运输主管部门可结合本地区实际，参照本指南确定的原则，对附1、附2所列内容进行增补或修改。

4.2　建设单位可结合工程实际对附1、附2所列内容进行增补或修改，形成本项目重大事故隐患清单，并将Ⅰ级重大事故隐患清单按规定向直接监管的交通运输主管部门备案。

4.3　本指南由交通运输部安全与质量监督管理司负责解释。

4.4　本指南自发布之日起施行。

附 1

公路水运工程建设项目生产安全重大事故隐患直接判定基础清单

表 1　Ⅰ级重大事故隐患直接判定基础清单

序号	条目	分类	隐患情形描述
1	第 1 条	施工驻地及场站建设	在无有效防护措施的条件下设置于存在地形、地质、水文灾害危险区域
2	第 2 条		与集中爆破区、易燃易爆物、危化品库房的安全距离不足
3	第 3 条	翻模、爬（滑）模系统，爬升或顶推	液压系统及压力表未经标定
4	第 4 条		超压溢流阀未安装或失效
5	第 5 条		顶升系统顶升不同步
6	第 6 条		预埋件和锚固点数量不足、紧固螺栓材料强度不足
7	第 7 条	移动模架	移动模架抗倾覆稳定系数小于 1.5
8	第 8 条		移动模架支撑系统未按照设计或方案施工，承载力不足
9	第 9 条		移动模架拼装完毕后未进行验收，首孔梁浇筑前及每次重新拼装后未按照实际要求进行预压或预压不合格即使用
10	第 10 条	高大模板安装施工	模板的安装未按设计要求设置纵、横、斜支撑和水平拉杆
11	第 11 条		安装后模板、支撑构件间的相互位置不正确
12	第 12 条	高大模板拆除施工	模板拆除时混凝土强度未达到设计或规范要求
13	第 13 条		拆除顺序未按照施工方案要求进行

续表

序号	条目	分类	隐患情形描述
14	第 14 条	支架搭设	支架的地基和基础的承载力不满足要求
15	第 15 条		承载支架的摩擦桩未按设计要求进行预压
16	第 16 条	支架拆除施工	存在相互搭接、支撑结构的支架或模板在拆除时无临时支撑
17	第 17 条	爆破器材的运输、贮存	爆破器材未按规定储存
18	第 18 条		爆破器材未使用专用运输工具运输
19	第 19 条		爆破器材运输过程中人员、雷管、炸药混装运输
20	第 20 条	路堑高边坡开挖施工	路堑开挖时未逐级开挖逐级防护
21	第 21 条		未按照自上而下的顺序进行开挖
22	第 22 条		未按设计设置排水设施
23	第 23 条		未采取监测措施
24	第 24 条	大型沉井下沉过程	邻近建（构）筑物、地下管线、沉井箱体未监测或监测出现异常并超过预警值
25	第 25 条	大型钢围堰施工	未按设计或方案要求施工围堰，未进行焊缝检验及水密试验
26	第 26 条		未定期开展围堰监测监控，工况发生变化时未及时采取措施
27	第 27 条		碰撞、随意拆除、擅自削弱围堰内部支撑杆件或在其上堆放重物
28	第 28 条		围堰接高和下沉过程中未采取保持围堰稳定的有效措施
29	第 29 条		钢围堰无防撞措施，侧壁随意驻泊施工船舶
30	第 30 条		围堰内抽水干施工时工作水头超过允许值

续表

序号	条目	分类	隐患情形描述
31	第 31 条	挂篮施工	挂篮锚固不符合专项方案要求
32	第 32 条		混凝土强度未达到要求或恶劣天气情况下移动挂篮
33	第 33 条		混凝土浇筑施工未对称、平衡进行，两端悬臂上荷载的实际不平衡偏差超过设计规定值或梁段重的 1/4
34	第 34 条		挂篮拼装后未按规范或专项施工方案要求做荷载试验
35	第 35 条	隧道开挖施工	未根据围岩条件按设计开挖方式施工
36	第 36 条		安全步距超标（Ⅲ级围岩地段二衬距离掌子面大于 200 m；Ⅳ级围岩地段二衬距离掌子面大于 90 m；Ⅴ级及以上围岩地段二衬距离掌子面大于 70 m 或设计规定；Ⅲ级及以下围岩铺底距离掌子面大于 90 m；Ⅳ级围岩仰拱距离掌子面大于 50 m，Ⅴ级及以上围岩仰拱距离掌子面大于 40 m）
37	第 37 条		Ⅳ级及以上围岩仰拱一次开挖长度超过 3 m 的
38	第 38 条		洞内临时存放炸药和雷管
39	第 39 条	瓦斯隧道	未根据瓦斯等级要求采用防爆电器和设备
40	第 40 条		未开展超前钻探工作
41	第 41 条		洞内违规动火及未对洞内气体进行检测和监测
42	第 42 条		未严格控制隧道内通风

表2　Ⅱ级重大事故隐患直接判定基础清单

序号	条目	分类	隐患情形描述
1	第1条	用电安全距离	施工现场或施工机械设备与电气线路之间的安全距离不足而未采取有效的保护措施
2	第2条	门式起重机	在门式起重机违规设置在人员集中滞留区域的条件下，门式起重机的重量限制器、行程开关和尾端止挡等安全附件失效
3	第3条		停止使用后夹轨器或抗风缆等固定装置未有效使用
4	第4条	塔式起重机	塔式起重机顶升过程中操作不当，主要支撑体系限制、限位安全附件缺失或附着设施安装不到位或自由端过长
5	第5条		多台塔式起重机在同一施工现场交叉作业时安全距离不足，防碰撞措施不到位或无专人指挥
6	第6条		因大风停止作业时未锁闭吊臂旋转机构
7	第7条	齿轮齿条式施工升降机	未安装防坠器，导轨架上下末端无限位器，底部无缓冲器
8	第8条		附着设施未及时安装
9	第9条		轨道垂直度超标（$h \leqslant 70$ m时不大于（1/1 000 h）mm，70 m<$h \leqslant 100$ m时小于等于70 mm，100 m<$h \leqslant 150$ m时小于等于90 mm，150 m<$h \leqslant 200$ m时小于等于110 mm，h>200 m时小于等于130 mm）
10	第10条	架桥机	架桥机架梁作业时支垫不牢、主桁架纵横坡度不满足使用要求
11	第11条		安全附件（起升高度限制器、运行行程限位器、缓冲器及端部止挡、锚固装置、抗风防滑装置、联锁保护装置等）失效

续表

序号	条目	分类	隐患情形描述
12	第 12 条		架桥机过孔过程中未采取可靠的抗倾覆措施
13	第 13 条		用于保持平衡的运梁车未安装轮档或有效制动
14	第 14 条	混凝土施工	混凝土输送泵管安装时附着在塔式起重机、施工升降机、支架、爬梯上
15	第 15 条		混凝土浇筑施工过程中模板、支架和钢筋骨架稳定性和变形量不满足技术要求
16	第 16 条		未按照设计顺序、速度浇筑混凝土
17	第 17 条	支架搭设	扣件式、碗扣式钢管脚手架作立柱支撑时安装结构不符合要求，受压杆、扫地杆、水平拉杆未有效连接、剪刀撑搭接长度不足
18	第 18 条		载荷试验或施工时超出设计载荷
19	第 19 条	起重吊装作业	多台起重机械抬吊同一构件时，起重机械性能差异较大且缺少相应措施
20	第 20 条		单台设备起重量超过其额定起重能力的 80％或吊钩不垂直
21	第 21 条	挡土墙施工	挡土墙基础类型、墙身厚度未按照设计方案施工
22	第 22 条		基础承载力未满足设计要求的
23	第 23 条	滑坡地段路基施工	滑坡地段开挖路堑和修筑抗滑支挡构筑物未分段跳槽开挖
24	第 24 条	弃土场工程	弃土场挡防排设施不符合设计要求
25	第 25 条		堆载量超过设计要求

续表

序号	条目	分类	隐患情形描述
26	第 26 条	开挖深度超过 5 m（含 5 m）的大型深基坑（槽）施工	未按照专项施工方案要求逐级开挖逐级支护
27	第 27 条		未按照专项施工方案进行降（排）水、放坡
28	第 28 条		基坑周边 1 m 范围内随意堆载、停放设备
29	第 29 条		未按专项施工方案定期监测地表及地下水渗流或监测有泥砂、涌泥、涌水等情况出现未采取有效控制措施
30	第 30 条	高墩柱施工	未搭设施工作业平台
31	第 31 条		搭设爬梯的强度及附着设施未经过专项设计或基础未预埋且承载力不足或超员超载
32	第 32 条	拱桥施工	拱圈施工程序不符合规定
33	第 33 条		施工中未进行有效监控
34	第 34 条	猫道施工	猫道抗风稳定措施未按照设计或方案施工
35	第 35 条		猫道拆除未按施工方案规定顺序作业
36	第 36 条	缆索施工	斜拉索或主缆塔端挂索施工平台设置不稳固
37	第 37 条		塔顶卷扬机设置不稳固
38	第 38 条		索塔顺桥向两侧的拉索（组）和横桥向对称的拉索（组）张拉不同步
39	第 39 条	边通航边施工	跨主航道架设作业未进行临时封航或进行航道转换
40	第 40 条		近通航航道水上作业平台未采取警戒或防护措施防止船舶撞击

续表

序号	条目	分类	隐患情形描述
41	第 41 条	隧道洞口施工	未按设计坡率进行开挖
42	第 42 条		未按设计及时进行支护
43	第 43 条		未施作截水沟
44	第 44 条		未定期监测边仰坡变形
45	第 45 条	隧道开挖施工	开挖后未按设计及时施作初期支护
46	第 46 条		地质条件较差地段未对围岩进行超前支护或加固
47	第 47 条		围岩较差、变形较大的隧道，上部断面开挖后未按设计要求立即采取控制围岩及初期支护变形量的措施
48	第 48 条		围岩自稳能力差，拱架施工不符合规范及设计要求
49	第 49 条	边通车边施工	未按专项施工方案实施
50	第 50 条		未按施工区交通组织方案实施
51	第 51 条	旧桥拆除施工	机械拆除未按照从上至下、逐层、分段的方式实施，存在上下交叉作业的
52	第 52 条	水下爆破作业	爆破作业前未发布爆破通告，爆破作业期间未设置警戒人员和警戒船
53	第 53 条		电力起爆时，工作舱内存放有电源的物品
54	第 54 条		作业区内临时存放炸药和雷管
55	第 55 条	船舶作业	工程船舶防台防汛防突风救生设施、通信设施、拖轮等应急设备、物资配备不足

续表

序号	条目	分类	隐患情形描述
56	第56条		工程船舶改造、船舶与陆用设备组合作业未按规定验算船舶稳定性和结构强度
57	第57条		运输船舶无配载图、横向偏载，或超过核定载重线载运货物，实测剩余干舷200 mm以下的
58	第58条	交通船舶	改变原有船舶作业性质载客
59	第59条		未经核准乘客定额载客航行
60	第60条		载运人员超出乘客定额3人及以上
61	第61条	土石围堰施工	土石围堰无防排水和防汛措施
62	第62条		堰体结构出现破坏时，未采取有效措施
63	第63条		堰体出现流沙、涌水、涌泥等情况
64	第64条		围堰工作水头超过设计允许值
65	第65条	锤击沉桩	锤击沉桩过程中，未监测岸坡和临近建筑物变形或监测发现超过预警值
66	第66条	大型构件出运和安装	设备超负荷作业
67	第67条		沉箱浮运未验算稳定性
68	第68条		自制吊、索具未经计算合格

附 2

公路水运工程建设项目生产安全重大事故隐患综合判定法

表 1　大型临时设施重大事故隐患综合判定清单

序号	要素类别		隐患描述	重大事故隐患判定依据
1	大型临时设施（拌和站、预制场、加工场、便道便桥、临时码头、栈桥）	管理类	无专项方案（设计）或结构验算，或未经验收即投入使用	Ⅱ级：满足全部管理类描述＋1 条及以上技术类要素；满足 2 条技术类要素。 Ⅰ级：满足全部管理类描述＋1 条及以上环境类要素＋1 条及以上技术类要素；满足 1 条及以上环境类要素＋2 条及以上技术类要素；满足 3 条及以上技术类要素
2			临时设施施工单位资质不足或特种作业人员无证操作	
3		环境类	未考虑地质灾害、既有构筑物的相互影响、采取有效措施	
4			恶劣天气下未采取相关防护措施	
5			未考虑洪水或冲刷的影响、采取有效措施	

续表

序号	要素类别		隐患描述	重大事故隐患判定依据
6		技术类	临时设施基础承载力不足	
7			临时设施结构不合理；受力结构材料不合格	
8			使用荷载超过设计荷载；应进行监测而未有效监测的	
9			防撞、警示设施设置不合理、不可靠	
10			场地未封闭管理或功能区未分开、隔离；防火间距不足或消防通道不通畅	

表 2　大型支撑结构重大事故隐患综合判定清单

序号	要素类别		隐患描述	重大事故隐患判定依据
1	大型支撑结构（支架、模板等）	管理类	属于危险性较大工程的未编制专项施工方案；未进行专项设计及结构验算；未按程序审批	Ⅱ级：满足全部管理类描述+1条及以上技术类要素；满足2条技术类要素。 Ⅰ级：满足全部管理类描述+1条及以上环境类要素+1条及以上技术类要素；满足1条及以上环境类要素+2条及以上技术类要素；满足3条及以上技术类要素
2			材料、构件进场未组织验收即投入使用；关键工序未组织验收即进入下一道工序	
3		环境类	大风天气下未采取相关防护措施	
4			未考虑滑坡、泥石流、冻胀土、冲刷的影响，未采取有效措施	
5		技术类	地基承载力不足	
6			结构的强度、刚度、稳定性不足	
7			未按方案（设计）要求进行预压	
8			使用荷载超过设计荷载；应进行监测而未监测或监测到变形超过预警值	
9			防撞、防护、警示设施设置不合理、不可靠	

表 3　大型施工机械设备重大事故隐患综合判定清单

序号	要素类别		隐患描述	重大事故隐患判定依据
1	大型设备	管理类	未经由具备资质的单位设计、生产	Ⅱ级：满足全部管理类描述+1 条及以上技术类要素；满足 2 条技术类要素。 Ⅰ级：满足全部管理类描述+1 条及以上环境类要素+1 条及以上技术类要素；满足 1 条及以上环境类要素+2 条及以上技术类要素；满足 3 条及以上技术类要素
2			安装、操作、维保、拆除人员未按要求培训、考核或未持相应特种作业证件	
3			未按规定进行检验、办理相关手续	
4			设备使用前（首次使用前、自然灾害后、事故后、长时间停用等）未进行检查、试机	
5			未按要求定期保养	
6		环境类	安装、维修、拆除和使用时未考虑大风、雨雪、雷电等恶劣天气影响	
7			设备轨道及其运行区域与周边物体的安全距离不足，且未采取安全措施	

续表

序号	要素类别		隐患描述	重大事故隐患判定依据
8		技术类	设备基础稳定性不足；轨道固定不牢	
9			设备垂直度超标、未安装附墙件或附墙件安装不牢	
10			设备的安装、拆除、使用时未对称进行或未正确配重；未按照要求增设临时固定、支撑等设施	
11			安全附件缺失或失效	
12			擅自改变设备结构、受力形式；设备受力部件存在质量缺陷	
13			设备未按要求进行荷载试验或超载作业	

表 4　土石方开挖重大事故隐患综合判定清单

序号	要素类别		隐患描述	重大事故隐患判定依据
1	土石方开挖	管理类	未按要求开展风险评估	Ⅱ级：满足全部技术类描述＋2 条及以上管理类要素。 Ⅰ级：满足全部技术类描述＋1 条及以上环境类要素＋2 条及以上管理类要素；满足 1 条及以上环境类要素＋3 条及以上管理类要素
2			属于危险性较大工程的未编制专项施工方案，未按程序审批	
3			未按要求开展超前预报、监控量测	
4			未遵守爆破作业安全规程	
5		环境类	滑坡、岩溶、断层发育、岩体破碎、煤系地层等不良地质条件下作业，未采取有效措施	
6			未考虑与既有构筑物、交通的相互影响，未采取有效措施	
7			大雨天气下未采取相关防护措施	
8		技术类	防护、支护型式不合理	
9			工序施作不合理	

附件3

水利部办公厅关于印发水利工程生产安全重大事故隐患清单指南（2021年版）的通知

办监督〔2021〕364号

部机关各司局，部直属各单位，各省、自治区、直辖市水利（水务）厅（局），新疆生产建设兵团水利局：

根据《中华人民共和国安全生产法》《水库大坝安全管理条例》和《水利工程建设安全生产管理规定》等法律法规和部门规章，为进一步完善水利安全生产双重预防机制建设，准确判定、及时整改水利工程生产安全重大事故隐患，防范生产安全事故发生，结合水利行业实际，水利部监督司组织对2017年印发的水利工程生产安全重大事故隐患判定清单（指南）进行修订。现将水利工程生产安全重大事故隐患清单指南（2021年版）（以下简称清单）印发给你单位，并就贯彻执行工作提出如下要求。

一、事故隐患排查治理是水利安全生产工作的重点，科学判定重大事故隐患并有效治理是防范风险的关键。各级水行政主管部门要进一步提高认识，认真组织做好隐患排查治理工作，强化对本辖区（单位）内有关单位相关工作的指导和监督，督促水利生产经营单位及时发现和消除事故隐患。

二、水利工程建设各参建单位和运行管理单位是事故隐患判定工作的主体。清单中列出了重大事故隐患内容，各单位可按照清单直接判定隐患等级。对于排查出的事故隐患，有关责任单位要立即组织整改，不能立即整改的，要做到整改责任、资金、措施、时限和应急预案“五落实”。重大事故隐患及其整改进展情况需经本单位负责人同意后报有管辖权的水行政主管部门，同时，在水利安全生产信息系统中逐级上报。

三、地方各级水行政主管部门要建立健全并落实重大事故隐患治理督办制度，督促水利生产经营单位消除重大事故隐患。对重大事故隐患整改不力的要实行约谈告诫、公开曝光，情节严重的依法依规严肃问责。

清单执行中如有疑问，请及时向水利部监督司反馈。

联 系 人：石青泉

联系方式：010－63203262

水利部办公厅

2021 年 12 月 9 日

附 1：水利工程建设项目生产安全重大事故隐患清单指南

附 2：水利工程运行管理生产安全重大事故隐患清单指南

附1　水利工程建设项目生产安全重大事故隐患清单指南

序号	类别	管理环节	隐患编号	隐患内容
1	基础管理	人员管理	SJ－J001	项目法人和施工企业未按规定设置安全生产管理机构或未按规定配备专职安全生产管理人员；施工企业主要负责人、项目负责人和专职安全生产管理人员未按规定持有效的安全生产考核合格证书；特种（设备）作业人员未持有效证件上岗作业
2		方案管理	SJ－J002	无施工组织设计施工；危险性较大的单项工程无专项施工方案；超过一定规模的危险性较大单项工程的专项施工方案未按规定组织专家论证、审查擅自施工；未按批准的专项施工方案组织实施；需要验收的危险性较大的单项工程未经验收合格转入后续工程施工
3	临时工程	营地及施工设施建设	SJ－J003	施工工厂区、施工（建设）管理及生活区、危险化学品仓库布置在洪水、雪崩、滑坡、泥石流、塌方及危石等危险区域
4		临时设施	SJ－J004	宿舍、办公用房、厨房操作间、易燃易爆危险品库等消防重点部位安全距离不符合要求且未采取有效防护措施；宿舍、办公用房、厨房操作间、易燃易爆危险品库等建筑构件的燃烧性能等级未达到 A 级；宿舍、办公用房采用金属夹芯板材时，其芯材的燃烧性能等级未达到 A 级
5		围堰工程	SJ－J005	围堰不符合规范和设计要求；围堰位移及渗流量超过设计要求，且无有效管控措施

续表

序号	类别	管理环节	隐患编号	隐患内容
6	专项工程	临时用电	SJ－J006	施工现场专用的电源中性点直接接地的低压配电系统未采用 TN－S 接零保护系统；发电机组电源未与其他电源互相闭锁，并列运行；外电线路的安全距离不符合规范要求且未按规定采取防护措施
7		脚手架	SJ－J007	达到或超过一定规模的作业脚手架和支撑脚手架的立杆基础承载力不符合专项施工方案的要求，且已有明显沉降；立杆采用搭接（作业脚手架顶步距除外）；未按专项施工方案设置连墙件
8		模板工程	SJ－J008	爬模、滑模和翻模施工脱模或混凝土承重模板拆除时，混凝土强度未达到规定值
9		危险物品	SJ－J009	运输、使用、保管和处置雷管炸药等危险物品不符合安全要求
10		起重吊装与运输	SJ－J010	起重机械未按规定经有相应资质的检验检测机构检验合格后投入使用；起重机械未配备荷载、变幅等指示装置和荷载、力矩、高度、行程等限位、限制及连锁装置；同一作业区两台及以上起重设备运行未制定防碰撞方案，且存在碰撞可能；隧洞竖（斜）井或沉井、人工挖孔桩井载人（货）提升机械未设置安全装置或安全装置不灵敏
11		起重吊装与运输	SJ－J011	大中型水利水电工程金属结构施工采用临时钢梁、龙门架、天锚起吊闸门、钢管前，未对其结构和吊点进行设计计算、履行审批审查验收手续，未进行相应的负荷试验；闸门、钢管上的吊耳板、焊缝未经检查检测和强度验算投入使用

续表

序号	类别	管理环节	隐患编号	隐患内容
12	专项工程	高边坡、深基坑	SJ－J012	断层、裂隙、破碎带等不良地质构造的高边坡，未按设计要求及时采取支护措施或未经验收合格即进行下一梯段施工；深基坑土方开挖放坡坡度不满足其稳定性要求且未采取加固措施
13		隧洞施工	SJ－J013	遇到下列九种情况之一，未按有关规定及时进行地质预报并采取措施：1. 隧洞出现围岩不断掉块，洞室内灰尘突然增多，喷层表面开裂，支撑变形或连续发出声响。2. 围岩沿结构面或顺裂隙错位、裂缝加宽、位移速率加大。3. 出现片帮、岩爆或严重鼓胀变形。4. 出现涌水、涌水量增大、涌水突然变浑浊、涌沙。5. 干燥岩质洞段突然出现地下水流，渗水点位置突然变化，破碎带水流活动加剧，土质洞段含水量明显增大或土的形状明显软化。6. 洞温突然发生变化，洞内突然出现冷空气对流。7. 钻孔时，钻进速度突然加快且钻孔回水消失，经常发生卡钻。8. 岩石隧洞掘进机或盾构机发生卡机或掘进参数、掘进载荷、掘进速度发生急剧的异常变化。9. 突然出现刺激性气味；断层及破碎带缓倾角节理密集带岩溶发育地下水丰富及膨胀岩体地段和高地应力区等不良地质条件洞段开挖未根据地质预报针对其性质和特殊的地质问题制定专项保证安全施工的工程措施；隧洞Ⅳ类、Ⅴ类围岩开挖后，支护未紧跟掌子面
14		隧洞施工	SJ－J014	洞室施工过程中，未对洞内有毒有害气体进行检测、监测；有毒有害气体达到或超过规定标准时未采取有效措施

续表

序号	类别	管理环节	隐患编号	隐患内容
15	专项工程	设备安装	SJ—J015	蜗壳、机坑里衬安装时，搭设的施工平台（组装）未经检查验收即投入使用；在机坑中进行电焊、气割作业（如水机室、定子组装、上下机架组装）时，未设置隔离防护平台或铺设防火布，现场未配备消防器材
16		水上作业	SJ—J016	未按规定设置必要的安全作业区或警戒区；水上作业施工船舶施工安全工作条件不符合船舶使用说明书和设备状况，未停止施工；挖泥船的实际工作条件大于 SL 17—2014 表 5.7.9 中所列数值，未停止施工
17	其他	防洪度汛	SJ—J017	有度汛要求的建设项目未按规定制定度汛方案和超标准洪水应急预案；工程进度不满足度汛要求时未制定和采取相应措施；位于自然地面或河水位以下的隧洞进出口未按施工期防洪标准设置围堰或预留岩坎
18		液氨制冷	SJ—J018	氨压机车间控制盘柜与氨压机未分开隔离布置；未设置、配备固定式氨气报警仪和便携式氨气检测仪；未设置应急疏散通道并明确标识
19		安全防护	SJ—J019	排架、井架、施工电梯、大坝廊道、隧洞等出入口和上部有施工作业的通道，未按规定设置防护棚
20		设备检修	SJ—J020	混凝土（水泥土、水泥稳定土）拌合机、TBM及盾构设备刀盘检维修时未切断电源或开关箱未上锁且无人监管

附 2　水利工程运行管理生产安全重大事故隐患清单指南

序号	管理对象	隐患编号	隐患内容
1	水利工程通用	SY－T001	有泄洪要求的闸门不能正常启闭；泄水建筑物堵塞，无法正常泄洪；启闭机自动控制系统失效
2		SY－T002	有防洪要求的工程未按照设计和规范设置监测、观测设施或监测、观测设施严重缺失；未开展监测观测
3	水库大坝工程	SY－K001	大坝安全鉴定为三类坝，未采取有效管控措施
4		SY－K002	大坝防渗和反滤排水设施存在严重缺陷；大坝渗流压力与渗流量变化异常；坝基扬压力明显高于设计值，复核抗滑安全系数不满足规范要求；运行中已出现流土、漏洞、管涌、接触渗漏等严重渗流异常现象；大坝超高不满足规范要求；水库泄洪能力不满足规范要求；水库防洪能力不足
5		SY－K003	大坝及泄水、输水等建筑物的强度、稳定、泄流安全不满足规范要求，存在危及工程安全的异常变形或近坝岸坡不稳定
6		SY－K004	有泄洪要求的闸门、启闭机等金属结构安全检测结果为“不安全”，强度、刚度及稳定性不满足规范要求；或维护不善，变形、锈蚀、磨损严重，不能正常运行
7		SY－K005	未经批准擅自调高水库汛限水位；水库未经蓄水验收即投入使用
8	水电站工程	SY－D001	小型水电站安全评价为C类，未采取有效管控措施
9		SY－D002	主要发供电设备异常运行已达到规程标准的紧急停运条件而未停止运行；可能出现六氟化硫泄漏、聚集的场所，未设置监测报警及通风装置；有限空间作业未经审批或未开展有限空间气体检测

续表

序号	管理对象	隐患编号	隐患内容
10	泵站	SY－B001	泵站综合评定为三类、四类，未采取有效管控措施
11	水闸工程	SY－Z001	水闸安全鉴定为三类、四类闸，未采取有效管控措施
12		SY－Z002	水闸的主体结构不均匀沉降、垂直位移、水平位移超出允许值，可能导致整体失稳；止水系统破坏
13		SY－Z003	水闸监测发现铺盖、底板、上下游连接段底部淘空存在失稳的可能
14	堤防工程	SY－F001	堤防安全综合评价为三类，未采取有效管控措施
15		SY－F002	堤防渗流坡降和覆盖层盖重不满足标准的要求，或工程已出现严重渗流异常现象
16		SY－F003	堤防及防护结构稳定性不满足规范要求，或已发现危及堤防稳定的现象
17	引调水及灌区工程	SY－YG001	渡槽及跨渠建筑物地基沉降量超过设计要求；排架倾斜较大，水下基础露空较大，超过设计要求；渡槽结构主体裂缝多，碳化破损严重，止水失效，漏水严重
18		SY－YG002	隧洞洞脸边坡不稳定；隧洞围岩或支护结构严重变形
19		SY－YG003	高填方或傍山渠坡出现管涌等渗透破坏现象或塌陷、边坡失稳等现象
20	淤地坝工程	SY－NK001	下游影响范围有村庄、学校、工矿等的大中型淤地坝无溢洪道或无放水设施；坝体坝肩出现贯通性横向裂缝或纵向滑动性裂缝；坝坡出现破坏性滑坡、塌陷、冲沟，坝体出现冲缺、管涌、流土；放水建筑物（卧管、竖井、涵洞、涵管等）或溢洪道出现损毁、断裂、坍塌、基部掏刷、悬空

附件 4

工程建设行业双重预防体系建设自查表

单位（项目）：

单位（项目）负责人：

检查指标	检查要点	检查标准	检查记录
体系文件	组织架构	1. 企业应建立覆盖主要负责人、分管负责人、各职能部门负责人及各类专业技术人员的双重预防体系建设领导机构（可与其他安全生产领导机构合二为一），明确其工作职责； 2. 企业、项目部双重预防体系工作小组应由项目负责人任组长，成员应包 括项目技术、安全、施工、材料、机械等部门负责人以及分包负责人、班组长等管理人员，明确其工作职责。日常办事机构宜设置在项目部安全生产监督管理部门	
	全员培训	1. 企业应将双重预防体系建设的培训工作纳入安全培训计划，培训计划应明确培训时间、培训学时、培训内容、培训对象、培训资金等内容； 2. 对项目部、施工班组的主要管理人员及作业人员分层次、分阶段进行培训，使其掌握本企业、本项目部、本班组的风险分级管控和隐患排查治理工作要求； 3. 每次培训结束后，应进行闭卷考试，考核结果应入档案	

续表

检查指标	检查要点	检查标准	检查记录
体系文件	体系文件	1. 企业应建立风险分级管控制度，包括风险点确定、危险源辨识、风险评价、控制措施确定、控制措施评估、风险告知、风险分级管控、风险分级管控效果验证等关键活动，并应符合企业实际； 2. 企业应建立隐患排查治理制度，包括对隐患的分类与分级、编制隐患排查清单、制定隐患排查计划实施隐患排查、一般事故隐患治理、重大事故隐患治理、隐患排查治理效果验证等关键活动，并应符合企业实际； 3. 企业、项目部应编制双重预防体系建设实施方案，应包括工作目标、组织机构、人员职责、教育培训、工作流程、运行控制、绩效测量、记录控制、文件控制、管理评审及持续改进等内容。实施方案应对风险分级管控制度、隐患排查治理制度所包含的内容进行细化，并应将每项工作具体分解到每个部门、每个岗位及相关人员，符合项目部的实际，具有可操作性； 4. 风险分级管控制度、隐患排查治理制度及企业、项目部的实施方案、作业指导书等文件应传达至相应各部门、各岗位及其他相关人员	

续表

检查指标	检查要点	检查标准	检查记录
风险分级管控体系建设	责任考核	1. 企业应建立双重预防体系建设考核奖惩制度，或在安全生产奖惩管理制度中涵盖相关内容，明确考核奖惩标准、频次、方式、方法等，并将考核结果与员工薪酬挂钩； 2. 企业应落实双重预防体系建设考核奖惩制度，依双重预防体系建设考核结果实施奖惩	
	风险点排查、确定	1. 作业活动清单应覆盖施工现场所有分部工程所涉及的作业活动以及相关安全管理活动等； 2. 设备设施类清单应覆盖施工现场所涉及的所有设备、设施及临时设施等	
	危险源辨识	企业和项目部应组织相关部门及人员开展危险源辨识工作，并形成项目部层级的危险源清单	
	风险评价	1. 企业和项目部应采用一定的方式和方法开展风险评价工作； 2. 企业和项目部应根据风险危险程度，明确风险等级，并采用“红、橙、黄、蓝”四种颜色分别标识重大风险、较大风险、一般风险和低风险	
	控制措施	1. 企业和项目部应从工程技术措施、管理措施、培训教育措施、个体防护措施、应急处置措施五个方面，针对危险源制定控制措施； 2. 重、较大风险控制措施实施前，应对风险控制措施进行评估	

续表

检查指标	检查要点	检查标准	检查记录
风险分级管控体系建设	分级管控及清单	1. 企业和项目部应结合其实际情况，合理确定风险管控层级并编制风险管控清单； 2. 企业和项目部应按照规定落实风险分级管控责任，应将风险管控落实到具体的部门或岗位； 3. 企业和项目部编制的风险分级管控清单应按程序予以批准并发布； 4. 风险分级管控清单应涵盖所有的风险点、危险源、分布位置、风险等级、管控措施、责任岗位等信息	
	风险告知	1. 项目部应在醒目位置和重点区域设置安全风险公告栏，对重大风险及较大风险可能引发的事故类型、管控措施、应急措施及管控责任人等信息进行公告； 2. 项目部应通过设立公示牌、标识牌、告知卡、警示标志、安全技术交底及教育培训等形式，向作业人员告知其主要风险信息	
隐患排查治理体系	编制隐患排查清单	1. 企业和项目部应编制生产现场类隐患排查清单，清单应包含分级管控清单中所有的风险点、危险源及风险控制措施等；清单应符合有关法律、法规规定和双重预防体系相关标准要求； 2. 企业和项目部可依据管理习惯，将生产现场类隐患排查清单、基础管理类隐患排查清单合并编制	

续表

检查指标	检查要点	检查标准	检查记录
隐患排查治理体系	确定排查计划	1. 企业和项目部应根据自身的生产特点，制订生产安全事故隐患排查计划； 2. 企业和项目部编制的生产安全事故隐患排查计划应明确隐患排查时间、排查范围、组织级别及排查人员等信息	
	隐患排查实施	1. 企业和项目部应按照隐患排查计划，依照不同排查类型的隐患排查清单，组织开展隐患排查工作； 2. 企业和项目部实施隐患排查过程中应做好隐患排查记录	
	一般事故隐患治理	1. 对于一般事故隐患，隐患排查部门应签发隐患整改通知书，明确整改措施、治理责任人、治理期限等内容； 2. 隐患整改通知书签收单位应安排相关人员落实整改； 3. 隐患整改通知书签收单位应将整改情况向签发单位进行反馈； 4. 隐患整改通知书签发单位应安排人员对隐患整改情况进行验收，并做好相关记录	

续表

检查指标	检查要点	检查标准	检查记录
隐患排查治理体系	重大事故隐患治理	1. 企业应制定重大事故隐患治理方案，治理方案的编制应满足当地政府部门的有关规定； 2. 重大事故隐患治理结束后，应组织对治理情况进行复查评估，并应按照规定予以销项； 3. 对于重大事故隐患排查、评估报告书、治理方案，以及复查评估报告、复工申请书等资料应单独建档，保存电子纸质双份文档	
检查评定及建议			

检查人员：　　　　　　　　　　　　　检查日期：